點字
功能性學習策略

Diane P. Wormsley 著

黃國晏 譯

五南圖書出版公司 印行

Braille Literacy

A Functional Approach

Diane P. Wormsley

推薦序1

　　點字的書寫與閱讀是視覺損傷學生重要的技能。透過點字的書寫，視覺損傷學生能記錄所學的知識，表達自己對世界的認識。此外，透過點字的摸讀，視覺損傷學生能看到歐洲啟蒙時期的光輝與科學文明的變革。點字雖僅是兩行六個點的組合排列，但可以讓視覺損傷學生看見世界，也可以讓世人看見視覺損傷學生對世界的貢獻。

　　點字的發明者路易士‧布萊爾（Louis Braille）發展一套有效率的閱讀與書寫方式，促進視覺損傷學生學習與工作的便利性。因此，人們在他的墓誌銘記載以下文字，紀念並頌揚他的成就：「路易士‧布萊爾的點字發明，打開視覺損傷者通往知識天堂的大門。」

　　布萊爾幼年時因把玩父親的馬鞍製作工具，不慎誤傷雙眼，致嚴重視覺損傷。他於學齡教育階段，因沒有適當的教育支持，也無法在住家學區學校接受教育。直至有「盲人教育之父」之稱的華倫泰‧阿羽依（Valentin Hauy, 1745-1822）在巴黎創建世界第一所盲人學校後，布萊爾才前往該校接受教育。由於他傑出的學業表現與工作態度，畢業後，他留在該校擔任教師。基於個人的學習與教學經驗，他發現當時盲人學校慣用的浮凸文字系統，並不是有效的書寫與閱讀方式。為此問題，他進行相關研究後，現今世界使用的點字系統便孕育而生。但這套點字系統遭到當時盲人學校許多教師的反對，布萊爾利用學校園遊會的機會，讓更多人看到此點字系統有別於傳統浮凸文字的有效性，此點字系統才逐漸受到大眾的重視與正面肯定。

　　從上述布萊爾推廣點字系統的例子，讓教育工作者體悟到應把握機會，倡導新的教育觀念，協助大眾理解這種新觀念革新性與對學生在學習上的助益。因此，我很高興接受國立清華大學特殊教育學系黃國晏教授的邀請，為《點字：功能性學習策略》譯著的刊印出版，特地撰寫此推薦序，希望藉由此書的發行，讓關心點字教學的專業人士、教師與視覺損傷學生的照顧者，能有機會認識功能性點字教學課程與案例。

原著《點字：功能性學習策略》是由Diane P. Wormsley和Frances Mary D'Andrea的合作之下，共同撰寫的一本點字教學手冊。這本手冊的潛在讀者，包含個案重建教師、巡迴輔導教師、啓明學校教師與視覺損傷個案的照顧者以及家長。在書中所涉及的視覺損傷個案，包含單一類型視覺損傷、低視力與視多障。視覺損傷個案所處的教學環境，包含學齡前教育階段、中小學教育階段與教育階段之後的點字學習情境。

這本書的目的是提供傳統的點字教學者具體且實用的點字教學課程。這本書共有兩個部分，第一部分透過12個點字教學步驟，介紹了使用基礎概念和詞彙的功能性方法，來教授個案點字的閱讀與書寫。涵蓋的關鍵領域包括創造豐富的點字學習環境、選擇和教授關鍵詞、教導觸覺知覺技能、鼓勵寫作技巧、創作故事和記錄。第二部分提出七個案例研究，例如輕度到重度認知障礙視多障的點字學習者，以及多重生理與認知障礙者的點字教學研究。

本書的編譯者黃國晏教授，是我在國立臺灣師範大學特殊教育學系教導過的學生。黃教授於國中時發現視覺損傷，開始接受視障教育。於國立臺灣師範大學畢業後，至國立臺中啓明學校服務，服務對象包含單一視覺損傷與視多障學生。黃教授考取教育部公費留學考試，先後於紐約哥倫比亞大學與威斯康辛大學攻讀研究所學位，取得博士學位後，進入國立清華大學特殊教育學系服務。黃教授個人的求學與教學經驗，皆著重於視覺損傷學生的教育與研究。此外，黃教授本人也是點字的使用者與教學研究者，相信他在編譯此書的心得，一定會有別於其他點字教學者。

這本書提及的教學策略與案例研究，雖無法完全回應臺灣本土的點字教學環境，但期許本書的出版，能為國內的點字教學與研究，開創新的方向。

國立臺灣師範大學特殊教育學系退休教授
中華視覺障礙教育學會創會理事長
張訓誥
2017年9月25日

推薦序2

　　文字閱讀與書寫能力（literacy）是每個人知識學習的基礎，一旦產生閱讀書寫的問題，對其日常生活、學業、社交、以及未來職業生活等適應能力都會造成重大影響。點字閱讀與書寫能力之於視障者亦是如此。美國視障教育團體擔心一些能從點字學習獲益的視障生，無法接受點字讀寫訓練或接受不適當的點字讀寫教學，因而致力於點字法的制定。許多州已通過點字法並且採用實施，例如美國德州點字法規定「必須提供所有接受特殊教育的視障生（包括視多障學生）學習點字的機會」。視障學生是否學習點字，必須根據閱讀書寫媒介評量結果，除非經過個別化教育計畫團隊小組決定點字教學與運用對這些學生是不適合的，這樣的做法最主要是在確保視障學生可以利用最優勢的讀寫媒介，獲得最有效益的讀寫技能。一般而言，經評估後主要讀寫媒介為點字學習者，多數為認知能力正常的視障者，故探討點字素養的專書論著其主要對象多數放這個族群上。相較而言，視障伴隨認知功能障礙者常常被認為沒有學習點字讀寫的能力，或因教師缺乏這方面的教學專業能力而犧牲了他們學習點字的機會，相關研究與論著也幾乎付之闕如，實在令人感到遺憾。

　　《點字：功能性學習策略》（*Braille Literacy: A Functional Approach*），是一本極少數描述教導視障伴隨認知功能障礙者功能性點字讀寫課程的專書論著，聞名於歐美視障教育界多年。本書原著作者Diane P. Wormsley博士，是費城賓夕法尼亞州視光學院視覺與多重障礙兒童教育專業課程主任，也曾任費城布魯克盲校的教育主管與美國盲人基金會盲人點字讀寫能力計畫主任，她本身在這方面具有相當豐富的理論知識，更難得的是，她將累積多年的寶貴教學實務經驗整理出版並與大家分享。這是一本完全跳脫傳統點字讀寫教學方法，針對認知功能缺損的視覺障礙學生，運用個人化學習策略以培養其功能性點字讀寫能力

的葵花寶典，可以作為視多障實務教育工作者的重要參考資料。

　　本書譯者黃國晏教授自從獲得美國威斯康辛大學麥迪遜校區哲學博士回國任教後，多年來一直在視障教育努力不懈、貢獻所長；他擔任過啓明學校教師，本身也是點字使用者，因此能用最精確的中文將原文內容充分表達出來，讓讀者在獲得專業知識的同時，也能充分享受閱讀的樂趣。也期望本書翻譯的完成，能夠發揮拋磚引玉之功能，吸引更多相關專業人員投入功能性點字讀寫能力的教學與研究。

國立臺中教育大學特殊教育學系教授

莊素貞

2017年9月25日

譯者序

　　由於文字的發明，人類的文明從渾沌的史前時代進入有文字紀錄的歷史時代。自此，人類的歷史得以記錄，人類的文明得以傳承。不同國家的人民利用當地的文字系統，記錄他們的知識技能，如日本工匠利用平假名與片假名傳承技藝，讓世人讚嘆日本人細膩的工藝技術。法國文學家運用法文，撰寫出一篇篇跨越時代的文學巨著，得以讓世人目睹法蘭西文明的璀璨光輝。文化相近的不同地區也可能存在兩種文字系統，如臺灣透過繁體字學習中文，中國大陸則運用簡體字表達中文意義。

　　然而，在當今社會，點字也是諸多文字系統中的一種形式，點字的閱讀模式除提供視覺之外，透過閱讀者的手指指腹來閱讀，這種方式稱為「摸讀」，符合視覺損傷者的身心特質，促進視覺損傷者在生活、學習與工作上的便利性。點字教學也能展現出教育體系中的多元文化。因此，點字應該被重視與推廣，讓大眾更了解點字的價值與重要性。

　　本書譯者於國中時發現有視覺損傷的狀況，在國中時期先後休學兩次。休學期間因已無法運用視覺閱讀印刷書籍，每天只能在家中聽收音機或用耳朵「看」電視，這種沒有升學壓力的日子雖然輕鬆、但日子久了，當時的譯者常會想到如此年輕的生命，應該還需要繼續學習、充實自己的內涵，進而有專業知識，將來才有機會進入職場工作。

　　但要如何透過視覺以外的方式來閱讀與學習，這個問題常常困擾著當時的譯者。可能是受到神的感動，某日的靈光乍現，突然想到在過往的閱讀經驗中，依稀看過有些看不到的人利用手指頭來閱讀與記事，但當時的譯者不確定這種學習方式的正確名稱是什麼。確定的是，這種方式是有別於傳統的學習與閱讀方式。因此，再次復學後，譯者就決定離開臺北，轉學至臺中市惠明學校就讀，並在此時開始接觸特殊教育與點字學習。

　　利用點字筆來書寫的方式，稱為「點寫」；運用手指腹來閱讀點字，稱為「摸讀」。由於惠明學校教師的用心教導，譯者很快就學會點字書寫。或許是錯過利用觸覺來摸讀點字的學習關鍵期，譯者的摸讀效率始終無法與幼年時期即學會摸讀的視覺損傷者相比擬。因此，當譯者在啓明學校擔任點字課程教師時，都會特別注意視覺損傷幼童的觸覺敏銳度的啓發，協助他們發展點字摸讀技能，以利將來更快地進入學科領域的學習。

　　譯者進入國立臺灣師範大學就讀，赴美至紐約哥倫比亞大學、威斯康辛大學攻讀研究所學位時，書籍的閱讀量日益繁重，必須利用mp3、報讀者或螢幕報讀軟體，方能滿足大量閱讀的需求。雖然如此，仍需憑藉點字的書寫與閱讀能力，方能完成每學期的書面報告與博士論文的撰寫。

　　研究指出，孩子閱讀的習慣是需要養成的。教師與直接照顧者應提供閱讀的機會，協助孩子能在閱讀中發現閱讀的樂趣，並且培養閱讀的習慣。透過視覺的閱讀，眼睛平均一分鐘可以看668個字，耳朵卻沒有辦法在一分鐘內處理這麼多的訊息。因為視覺的閱讀是平行處理，可以一目十行；聽覺的訊息接收是序列處理，無法一次處理十個音。二十一世紀資訊爆炸的時代，孩子一定要有閱讀的能力才能學習知識、表達自己的想法，進而與他人互動。手指的摸讀，即是以手代目來閱讀的一種方式。這種方式也是視覺損傷學童建立對知識認識的重要技能，這種技能不是現代輔助科技可以替代的。

　　本書的翻譯已完成數年，承蒙五南圖書出版公司副總編輯陳念祖先生的邀約，促使譯者有動力進一步編修此書。也要感謝五南圖書出版公司的李敏華小姐，提供專業的校稿與封面設計，讓本書的封面具備高顏質。要謝謝母親黃彩雲與家人馨儀、國郡、怡青給予本書的建議，讓本書的內容更臻充實。此外，謝謝譯者的學生何姵儒、李珮琦的校稿，協助本書能順利出版。

　　最後，本書的內容多以英文語系國家的點字教學為主，在用語或個案研究方面，或許無法回應臺灣本土點字教學的需求，但這也是譯者將來應投入研究的方向，希望藉由此書的出版，能啓拋磚引玉的效果，獲取更多臺灣點字教學者的迴響與投入。

黃國晏
寫於國立清華大學特殊教育學系研究室
2017年教師節前夕

目　錄

點字、閱讀、讀寫能力及高危機學生

在閱讀過程中，你所帶入的一切，將決定你所獲得的成果。

——《成爲閱讀大國》（*Becoming a Nation of Readers*），1985

自路易‧布萊爾（Louis Braille）於1834年改善點字碼後，過去一百多年來，點字已成爲失明者或視力嚴重受損者主要的閱讀媒介（Hatlen, 2000）。任何年紀的人都可根據自己的需求，選擇除了印刷字的媒介以外，學習使用點字作爲讀寫的工具。點字就像代表單字的印刷字母一樣，是個人化、可攜帶的系統，用於和自己與他人溝通（參見「何謂點字？」）。

何謂點字？

　　點字字母由六個點組成，有63種組合方式，以三個點的高度及兩個點的寬度排列成像一個細胞的樣子。點字主要有兩種形式：縮短式點字和非縮短式點字。非縮短式點字以前指的是拼音式文字或初級點字，由字母加上標點符號及「書面」號碼所組成。（點字中有一種用來標記數學和科學的形式，稱爲Nemeth代碼，它用不同的號碼標誌，也有用來標記音樂的國際代碼，稱爲音樂點字；以及電腦點字代碼，通常以高中生，或其他參與寫程式及在科技方面用電腦工作的個人爲教學對象。）

縮短式點字

　　標準式點字的正式名稱爲縮短式點字，以前被稱爲二級點字，組成形式爲：字母、標點符號、各種部分字的縮寫或整個字的縮寫（例如：特定的符號表示英文字er，或tion），以及簡寫（只用字母s代表so等等）。印刷字大約只有60至70個符號，相較之下，縮

短式點字讓用來閱讀書面資料的基本符號擴充到超過180個。標準式點字（或稱縮短式點字）自1932年起，在美國便被公認爲是用來讀和寫的代碼。一般認爲，因爲大部分的書和雜誌都使用這個形式的代碼，所以任何想用點字讀寫的人，目標就是要能使用縮短式點字閱讀及寫作。然而近幾年來，爲成人和孩子設計的非縮短式點字材料也變得更容易取得。

三級點字

除了標準式點字之外，還有一種非常簡短的點字形式，稱爲三級點字，主要爲個人或大學生抄筆記時所使用。雖然有訓練教材和組成三級點字的縮寫表，但三級點字很少用來當作一般閱讀的材料。羅騰堡（Rodenberg）於1977年提出的文獻中，包含三級點字的規則和縮寫表。點字參考網站可找到完整的一套點字字母和縮寫 <http://www.brl.org/refdesk/indexes/>。

傳統教學方式

既然印刷字母和點字都是閱讀和寫作的符號系統，點字教學的方式也和印刷字教學所具有的方式一樣。印刷字教學的教學計畫和教材經過一些修改後，通常也可用於點字教學（例如：學生使用的文章如果包含插畫和圖表，這些視覺的內容便需要用口頭或書寫的方式說明）。讓視障或視力受損的孩子完整發展出對於周遭世界的概念是很重要的。對明眼人來說，概念發展是容易的；但對於視障或視力受損的孩子來說，要了解周圍的世界「太遙遠、太熱、太冷、太危險、太小、摸不到」，要發展這些概念是非常困難的。以具體而有意義的經驗爲基礎，有了完整發展的概念和字彙，視障或是視力受損的孩子就

能將之帶入閱讀過程，進而從閱讀中學到更多東西。

讀寫的教學有許多方式（Duffy & Hoffman, 1999）。均衡的教學方式大多來自於連續性的活動，包括以技能為主的活動到以意義為主的活動，都是根據學生需求所設計的（上述和其他用語之定義，參見「讀寫能力專門用語」）。很多時候，教學者強調學習讀寫所需要熟悉的個別技能。舉例來說，一篇關於特定領域閱讀的研究指出，四大技能領域有助於提升閱讀成就：聲韻覺識、自然發音、流暢度及理解策略（National Reading Panel, 2000）。雖然技能很重要，但從閱讀中所獲得的意義並透過寫作傳達，也同樣需要重視。藉由意義為主的方式，以品質優良的讀物及孩子本身的語言作為教學的基礎，而不是用基礎讀者的教科書，為了達到特定閱讀程度，其內容的文章都已經過不自然的修飾（Rex, Koenig, Wormsley, & Baker, 1994）。發展技能和了解文章的意義都很重要，當孩子參與讀寫活動時，同時亦能加強技能和意義。

大部分除了視障外沒有其他障礙的孩子，可成功學會用標準式點字讀寫。和明眼孩子一樣，有些視障孩子可能對特定的教學方式反應較好。舉例來說，有些孩子在學習自然發音和其他技能時，用明示方式的學習效果較暗示方式來得好。總而言之，透過專業教師的指導，以及調整上述的方式，視障學生和明眼學生學習讀寫的方式是非常相似的（Swenson, 1999; Wormsley & D'Andrea, 1997）。

讀寫能力專門用語

- 「以意義爲中心」的方式進行閱讀教學，注重在讀者的知識和經驗。這個方法強調從文字中獲取意義（Rex, Koenig, Wormsley, & Baker, 1994）。

- 「以技能爲中心」的方式著重於將印刷符號解讀爲文字，並強調閱讀的必要技能（Rex, Koenig, Wormsley, & Baker, 1994）。

- 「以圖書資料爲基礎」的方式也是一種意義中心的方式，利用有趣且富挑戰性的兒童文學，並著重在意義、解讀及享受閱讀的過程（Rex, Koenig, Wormsley, & Baker, 1994）。

- 「語言經驗」方式著重於利用孩子的口語和眞實生活經驗，創造個人化的閱讀材料（Mason & Au, 1990）。

- 「均衡」方式是一種互動的方法，根據學生的需要和教學的內容，由各種不同的方式中選擇適合者。有時也被稱爲「折衷法」（Wormsley, 2000）。

- 「聲韻覺識」是將單字拆解成音節或單音的能力，且要能再將這些部分重新組合（Swenson, 1999）。

- 「自然發音」意指字音字形系統，或者將一個字母或一組字母和相對應的聲音結合在一起（Swenson, 1999）。

- 「流暢度」有時也稱爲「自動性」，表示有能力在閱讀時不需中斷或重讀一遍，就了解一篇文章的意義（Wormsley, 2000）。

- 「閱讀理解策略」是透過明示和暗示的方式，讓學生能改善並表現理解能力方法。「明示」的方法包括重述故事，包含故事中所出現的事件和細節。「暗示」的方法包括預測結果、解讀、推測發展、做結論、舉一反三與敘述摘要（Miller, 1995）。

需要替代教學方案時

有些孩子不管用什麼方法，在學習點字閱讀方面的進度都很緩慢。有些類型的個案在點字學習上經常遭遇困難，在學習標準縮短式點字和其眾多規則的時候尤其如此。這些危機學生包括有其他障礙或多重障礙的視障孩子，包含認知障礙、盲聾，或其他阻礙孩子與環境接觸的生理功能限制。其他容易在點字學習上遭遇困難的學生類型是年紀較大的孩子或是成人，他們不一定學過閱讀印刷字，包括英語能力有限、正在學習英語當作第二外語的人。傳統的閱讀教學方式對這些學生來說可能不會有效。

一般來說，視障的孩子和明眼的孩子不同，在達到入學年齡前，他們未曾看過閱讀和寫作的示範，因而較缺乏書寫溝通的經驗來幫助他們習得初期的讀寫能力。有其他障礙的孩子也一樣，但危機學生卻有更多的難關需要克服。他們在認知發展上的限制可能包含概念間的巨大落差，包括了解基本的方向和位置概念，如左、右、上、下及其他概念。他們通常不具有足夠的字彙，以致無法利用完全以意義為中心的方式，因此，教師通常只能藉由死背硬記的方式來教導字母及發音。孩子用死背硬記的方式，可以有效地唸出一些由字母組成的字，或甚至可以學著寫出完整的字母（依據他們的生理功能限制而定），但在實際閱讀、使用自然發音規則及其他技能時，常會遭遇困難。他們的理解能力和流暢度通常是有限的。

有時候教師會有想放棄這些孩子的念頭，宣稱他們所需要學習的獨立生活技能或者職業技能，比讀寫的學習重要多了。特別是極度有溝通需求的聾盲孩子，溝通被當作是重要的需求，但正式的識字能力或「讀寫」並沒有即時包含在課程中。然而，遭遇越多困難的學生越需要參與讀寫活動的機會，而非減少他們的參與（Kliewer & Landis,

1999）。讓這些學生將點字閱讀及寫作視爲生活中的一部分是非常重要的，也許甚至比一般發展的學生來得更重要，因爲他們無法很快地從自己過去的經驗舉一反三。

這些孩子可利用功能性的方式，利用他們的字彙及經驗，將閱讀變成一項有意義的活動，而非只是教導分開的字母並試著將這些字母混合變成聲音。這個方法可以根據孩子的需要，很容易地結合獨立生活技能、職業技能或溝通技能，這也是爲什麼這個方法叫做功能性方式。事實上，功能性方式所使用的讀寫活動，扮演了加強學習這些功能性生活技能的角色。本書所提到的方式提供教師一種使用架構，對於用傳統方式學習點字有困難的學生，將讀寫教學與其課程整合。

已經讀過印刷字的成人或年紀大一點的孩子，也被認爲是不學習點字的高危機族群。這些年紀大一點的孩子和成人可能表現出不同的印刷字讀寫能力，而相較於年幼的孩子，他們可能較缺乏學習點字的動力。達到高階程度讀寫能力的人，已經習慣流暢和快速的閱讀，剛開始學習點字時可能會感到氣餒及挫折。在點字閱讀時，辨識文字需要時間來建立速度及正確性。這些人可能斷定自己永遠無法達到習慣的閱讀節奏而放棄。沒有達到印刷字高階程度讀寫能力的人，本來就還在學習閱讀，只是現在必須改用一套不同的符號學習。此外，學習英語作爲第二外語的人，在使用傳統方式學習點字時常常遭遇困難。因爲學習點字可能遇到困難，再加上要用不熟悉的語言學習。對於這些高危機學生，較爲功能性的方式可以是讓點字讀寫教學成功的關鍵。

點字讀寫能力的功能性教學方式

點字讀寫能力功能性教學方式的前提是：有特殊障礙的學生，在開始點字閱讀階段所學到的字和字母，對他來說是具有功能或意義

的，而在學習讀寫點字時較能成功。在這種情況下，此方法較接近連續性傳統教學方式的意義中心方式。雖然以意義為中心的方式，因為缺乏對自然發音和其他特殊技能的強調而受到批評（Rayner, Foorman, Perfetti, Resetsky, & Seidenberg, 2002），但是全然以技能為基礎的方式（將縮寫字和聲音配對，並將兩者結合成單字）對視障的高危機學生來說，並非永遠有效。這些學生較少接觸圖書資料，也不能利用重複、具體和有意義的經驗來了解基本的概念（Lowenfeld, 1973）。

要了解功能性方式，我們必須了解讀寫能力是如何發展的。目前一般公認的有兩個階段：讀寫萌發和學術讀寫能力。在第一個讀寫萌發階段，學生開始熟悉書寫語言，並發展閱讀及寫作的相關概念。這些概念包括我們如何閱讀及寫作，和讀寫的目的以及所使用的工具。學生學習有關書和印刷行列（或點字行列）的概念，例如：頁首、頁尾、翻頁、一行字的開頭、一行字的結尾等等。學生在家裡或在社會群體中發展書寫語言的經驗，成為後來讀寫學習的基礎。然而，相較於一般發展的學生，有些學生在讀寫萌發階段停留的時間較長。有些學生一直要到中學或者更晚一點的年紀，才能真正了解點字的讀寫。

讀寫能力的第二階段（事實上可根據不同的理論分解成許多個小階段）即為「學術」或「基礎」讀寫能力。學術讀寫能力通常開始於幼稚園或小學一年級階段，一直延伸到高中或高中以後。在這個階段，學生首先學習閱讀，再藉由閱讀能力吸收更多的知識。學生在此階段達到不同的成熟度，在之後的人生中並可持續有實質上的進步。在習得學術素養的時候，學生也學到功能性讀寫的技能。一般來說，功能性讀寫能力代表在日常生活中運用讀寫能力來完成基本的任務，例如：列購買雜物清單、看食譜、使用提款機、付帳單、填寫履歷、讀各種不同設備器材的說明書等等（D'Andrea, 1997）。大致來說，

學生的功能性技能和他們的學術讀寫能力是一致的。比起讀寫購物清單或電話號碼，某些任務需要較高的學術讀寫技能，例如：填寫所得稅單或閱讀電腦軟體操作手冊。有些人認為，點字讀寫能力的功能性方法中，「功能性」這個詞僅表示功能性讀寫能力的後半階段，也就是用讀寫能力執行功能性任務。然而，本書中的功能性也表示閱讀教學中所用的字彙。也就是說，對這些高危機學生來說，功能性方式所使用的字彙必須是有意義、有用的或有功能性的。

功能性方式引自席薇亞‧亞詩東‧沃娜（Sylvia Ashton War-ner）在《教師》（*Teacher*, 1963）一書中所使用的閱讀教學方法。沃娜在紐西蘭教毛利人小孩讀書。這些孩子的文化背景和基礎讀者課本裡面，為「幼兒」（初級）課程學生所描述當時認知的背景有很大的出入。

沃娜為了幫助學生跨越文化的障礙，她總是用能引起學生情緒反應的「有機關鍵字」來開始教毛利學生閱讀。毛利學生學習這些帶有豐富情緒的字，帶領他們進入閱讀，並且讓閱讀的內容變得生動。

功能性點字方式和沃娜教學方式開始的方式是一樣的。教師和學生一起從學生自己的經驗中挑選一個主要單字。學生對字彙越有感覺，便越有動力學習這些字。教師應要尊重學生所選的單字。沃娜發現，有時候學生越害怕的單字越能刺激他們學習，例如：刀子（knife）和打架（fight），因為這些單字是他們每天在部落或村子裡生活的一部分，也非常有情緒的基礎。

毛利孩子能選擇自己的單字，但有些高危機學生很難想出自己的單字。教師們可以幫助學生，像是建議朋友或家人的名字，或是讓學生感到高興的動詞。在選擇單字時，最重要的就是要詳細了解有關使用者所喜歡的事物。關鍵字可以和生活技能的功能性任務相關，或者不相關。以單元的方式學習這些字彙，學生一開始可能會利用特

性，如長度或觸覺，來分辨單字。教導學生辨識字母以及利用關鍵單字（當他們學會之後）的字首學習自然發音，或者從觸覺分辨單字裡的字母，藉由這些方式讓完整單字的能力逐漸拓展到更以技能為主的方式。不同於用對學生來說沒有意義的抽象順序教導字母，學生在辨識已經了解的關鍵字時，字母便衍生出意義。關鍵字在拓展學生的技能時，就變得具有功能性或有意義。閱讀變得有意義且具功能性，也能發揮學生最大的能力。這個方法和用於成人讀寫能力的「真實讀寫能力教學」方式類似（Purcell-Gates, Degener, Jacobson, & Soler, 2002）。

功能性方式也可根據學生的能力，拓展融合語言經驗方式的要件，語言經驗方式也是另一種意義為中心的方式。語言經驗方式注重在使用口語和真實生活經驗中，創作出個人的閱讀材料（Mason & Au, 1990）。語言經驗方式的教學步驟包括（Leu & Kinzer, 1991）：

- 參與能夠成為故事內容的事件經驗
- 讓學生用自己的語言敘述這個經驗
- 協助他們創造一個故事（通常是小組活動）
- 在格子裡寫下這個故事（或者使用點字的話，寫在點字打字機上）
- 幫助學生唸出他們所寫的故事

但語言經驗方式有些特殊的限制，它只能讓學生了解他們能掌握的語言。有些教師會在學生寫故事的時候，提供他們和其經驗相關的字，但這些字不在學生的字彙範圍內，藉此來擴充學生的字彙。但是在大多數的情況下，只用語言經驗方式會限制學生只會讀他們所寫的故事。但因為學習的最終目標在於讓學生能閱讀對他們日常生活有用

11

的東西，所以對非一般發展的學生來說，這不是太嚴重的限制。讓高危機學生用功能性方式開始學習，能讓他們有效地閱讀自己所熟悉的東西，並根據學生表現的能力，爲他們提供拓展技能的基礎，以便日後進入類似學術讀寫能力的程度。

誰該讀這本書？

任何對增進點字讀者讀寫能力有興趣的人，都能在本書找到一些有幫助的資訊。雖然本書爲視障學生教師或復健教師所設計，他們會教導上述所提到的高危機群有關點字的讀寫，但本書也能協助希望能幫助孩子學習點字讀寫的父母。常使用較傳統方式的教師可在本書中發現新的想法，來幫助某些在閱讀上遭遇困難的學生「跨越障礙」。如同語言經驗方式常和其他方式一起使用，此方法也可在初期與較傳統的方式合併，對任何學生使用，包括學齡前和幼稚園學生，無論是否有障礙。

本書的第一部分爲功能性點字讀寫能力的大綱，不適合使用傳統方式或是使用傳統方式效果不佳的學生可以利用這個方式學習。針對兒童和成人討論組成此方法的12個步驟，並列出這些步驟可以同時運用的例子。本書也另外提供了一些能幫助此方式個人化的形式。第二部分透過數個個案研究，提供範例示範此方法如何針對不同類型的高危機學生進行修正。雖然這些個案研究並未示範如何對每個個案運用此12個步驟，但讀者應能從個案研究了解到足夠的資訊，在有類似情況的學生身上重新應用。

第一部分

創造個人化功能性點字讀寫教育課程

　　這個部分提供讀者在創造個人化功能性點字讀寫教育課程時，所需的一般步驟。如之前所提到的，功能性讀寫方式所考量的對象是幾乎無法透過傳統方式學習閱讀的學生，他們並且可能永遠無法達到基本讀寫或學術讀寫技能。第二部分將提供範例，說明如何針對前言所討論之不同類型的個人調整課程。即使學生表現相似，但為這個學生創造的個人化課程並不一定對另一個學生有效。事實上，「個人化」就是功能性方式的關鍵，意即利用對學生有意義的事物作為閱讀寫作的重點。雖然功能性方式的要件或步驟可能和傳統方式相似，但功能性方式有兩個主要的不同點：(1)教師和學生一開始所使用的個人化字彙，以及(2)教師如何為「非典型」學生將其他所有要件融入在個人化的方式之中。

　　為學生建立功能性讀寫課程需要許多步驟（參見「建立功能性點字課程的步驟」）。這些步驟將依序在接下來的段落中分別討論。然而，一旦教師熟悉這個方式後，通常會將好幾個步驟同時運用。舉例來說，雖然這裡為了清楚說明而將步驟分別呈現，但閱讀和寫作是需要同時發展的。其中的幾個步驟，如創造充滿點字的環境和記錄撰寫，將持續在學生的課程中進行。功能性點字課程適用於大人，同時也適用於孩童。然而，其中有許多步驟包含年幼孩子需要學習的教學技能，但成人或年紀較大一點的學生可能已經學會這些技能了。在接下來的指導原則中，教師或復健師需要辨別何者需配合成人進行調整，以反映其個別能力程度、需求及想法。其實，這個方法需要為每個學生個人化，才能達到效果。

　　建立功能性點字讀寫課程的第一、二個步驟包含普遍的假設或原則，其在本課程或其他任何點字課程中都是重要的考量。

建立功能性點字課程的步驟

1. 決定是否用點字作爲讀寫媒介，並決定要使用何種形式的點字。
2. 創造充滿點字的環境。
3. 選擇個人的閱讀和寫作字彙。
4. 製作單字盒和閃示卡，並教導第一個關鍵字。
5. 在追蹤活動（tracking activities）中，透過適當使用手和手指，教導觸覺認知和字母辨識技能。
6. 評估聲韻覺識。
7. 教導聲韻覺識。
8. 發展寫作技能：技術與程序。
9. 創造閱讀和寫作的功能性用途。
10. 創作故事。
11. 撰寫詳細紀錄並運用診斷式教學模式。
12. 注意何時該改用較傳統的學術方式。

步驟1

....

決定主要讀寫媒介

學習媒介評估

　　爲學生創造功能性點字讀寫課程的第一步，是進行學習媒介評估，以文件證明點字確實被判斷爲學生的主要或次要讀寫媒介。學習媒介評估包括利用功能性視覺評估的資料來決定是否建議用點字作爲主要讀寫媒介，取代印刷字或者兩者並行。雖然學習媒介評估考慮了

許多因素，主要因素包括學生能夠使用在閱讀的視力多寡，以及眼睛狀況的穩定性。目前市面上最常用的學習媒介評估出版物爲Koenig與Holbrook（1995）以及Sanford與Burnett（1997）兩種。

學習媒介評估也能幫助判斷學習者對正式普遍（學術）課程或功能性讀寫課程的準備程度。前言中所敘述的許多高危機學生，特別是有多重障礙者，將不被列爲普遍讀寫課程的實施對象。其實，根據讀寫媒介評估的結果，這些孩子大部分會被認爲即使是功能性讀寫課程，他們仍尚未準備好。雖然他們缺乏對正式讀寫課程的準備，但了解學生是否是學習點字的對象仍然很重要。相較於其他學習閱讀較容易的人，這些學生可能在閱讀萌發階段停留一段較長的時間。雖然印刷字的閱讀者在閱讀萌發階段已有接觸印刷字的管道，但因爲點字在一般的環境中不像印刷字那麼容易取得，以點字爲媒介的閱讀者便沒有相同的管道來接觸點字。因爲沒有刻意努力讓這些學生接觸點字，他們可能僅有有限的接觸，或是根本不知道點字的存在。因此，如步驟2所述，尤其當點字作爲媒介時，爲了創造出能刺激點字讀寫能力發展的環境，早期判斷讀寫媒介是非常重要的。

選擇非縮短式點字或縮短式點字？

但在進行課程的下一個步驟之前，教師需決定要讓學生使用非縮短式點字或縮短式點字。這是個複雜的決定，因爲有好幾個需要考量的因素。使用縮短式點字的優點包括有許多簡短式的單字和縮寫，讀起來確實比逐個字母的閱讀容易。舉例來說，字母單字〔b = but（但是）；c =can（可以）；d = do（做）等等〕能讓學生較快且較容易地閱讀，因爲他們只需要唸一個字母就代表了整個單字。除了x代表it（它）和z代表as（跟……一樣地）兩個字母例外，字首字母也可以幫忙建立自然發音技能。其他縮寫例如st、ch、ar、th及其他縮寫等

等，也能幫助學習自然發音技能。此外，因爲建築物上的點字招牌和大部分的出版品使用的是縮短式點字，所以，學習縮短式點字可以讓學生了解周遭環境的招牌，以及了解大部分的圖書資料。

縮短式點字及非縮短式點字比較

和其他有關學生讀寫課程的決策一樣，教育團隊需要完整記錄及保存所做的決策及學生的成果。不論學生學習縮短式點字或非縮短式點字，或者兩者都學，只要維持確實的紀錄和評估，並監測學生的進度，都能讓學生達到學習效果。下列是分辨非縮短式點字及縮短式點字的重要特徵：

非縮短式點字	縮短式點字
非縮短式點字沒有縮短式點字那麼複雜，有關相同符號在不同內容裡的意義規則較少。	有許多單一符號代表整個單字，因此需要唸的字較少。
以字母對字母的方式轉譯印刷字，要學習的額外符號較少——只需學習字母和標點符號。	縮短式點字是目前美國點字招牌所用的標準字，因此在周遭環境中較常出現。
學習非縮短式點字可幫助學生學習如何拼字，尤其是對要學習鍵盤打字的學生來說更有幫助。	有些符號可幫助學生學習自然發音，特別是代表子音的二合字母（例如st、th等）。
因爲要學習的符號和規則較少，可促進家人和導師學習點字並和學生溝通，因此能加強學習。	目前較多縮短式點字的教材可以取得。
目前的點字轉譯計畫能生產非縮短式點字的閱讀材料。	一開始就學習縮寫，以後就不需重新學習單字和符號。

　　學習縮短式點字的缺點是，它較非縮短式點字複雜。有些縮寫在點字裡有多種意義。當縮寫放在一個句子裡且前後有空格的時候，一個縮寫可代表整個字或可代表部分的字。舉例來說，當縮寫符號wh前後直接連接空格時，代表which這個字，而縮寫符號en代表enough。然而，把wh和en相鄰放在一起作為部分字縮寫（part-word contractions），卻代表單字when。下位符號和全字符號（只用點字細胞下方位置的四個點所組成的符號）跟上位符號（只用點字細胞上方位置的四個點所組成的符號）的組成相似，所以很容易混淆。舉例來說，點1-2-4-5代表字母g以及go（去）這個單字。利用下方點2-3-5-6所組成非常相似的四點結構，根據它所在的位置是單字的開頭或結尾，代表前括號或後括號，其本身代表了單字were（are的過去式，是）。

```
go    were
去    是（are的過去式，是）

（he ran home）
他跑回家

（so were you）
你也是
```

　　對孩子來說，學習點字並透過各種不同的閱讀材料來了解它的使用規則，並不會比一般印刷字讀者學習印刷字的拼字系統來得困難。但教師對於讀寫能力有問題的學生，或者有輕微到中度認知缺陷或學習缺陷的學生，在教導點字時常會猶豫不決。

　　事實上，從一開始就學習縮短式點字對有認知障礙的學生是有

幫助的，有認知障礙使得重新學習教材變得更加困難。有些教師認為，一旦有認知障礙的學生認得一個字的某種形式（例如非縮短式形式），要再重新學習其他形式（如縮短式），對學生來說可能會比較困難。史雲森（Swenson, 1999）在《開始學點字》（*Beginning with Braille*）一書中提出了一位名叫Eddie的孩子之個案研究，他是一位有重度多重障礙的學生，因為縮短式點字較不需要用到觸覺辨識，他在一開始就成功地使用了簡單的縮寫（例如：g等於go，l等於like）。

現在，點字轉譯軟體程式僅利用學生認識的縮寫，便能將印刷字轉譯為點字。雖然大部分的教師普遍不推薦這個方式給依照傳統學術課程學習的學生，但對這些學生來說，修正後的功能性點字課程可能是不錯的方式，學習一些縮寫是有幫助的，但學習所有的規則就會負擔太大。教師需要完善地記錄學生已經學了哪些縮寫，哪些是還沒有學過的。學生可以用學過的縮寫進行寫作，而還沒學過或對學生來說太容易混淆的單字，可用非縮短式點字書寫。Anna Swenson（personal communication, May 5, 2003）指出，因為許多這個程度的學生普遍沒有大量閱讀點字的經驗，這個方法是可行的選擇，它讓教師能很方便地僅用學生認識的縮寫就能將資料轉譯成點字。

成人或是年紀較大的學生，已經學習過印刷字閱讀，當他們了解不同形式讀寫點字碼的區別之後，便可以自己決定要用哪種形式的點字開始學習。有些人比較喜歡用非縮短式點字，這樣他們可以重新學習用熟悉的字讀和寫。其他人可能欣然接受學習縮短式點字，因為這樣能減少閱讀許多字母的需要。成人可以自己做決定，前提是他們要了解這個決定可能會如何限制他們閱讀各種材料的能力。

雖然這段簡短的討論並未提出確立或固定的原則，來決定要使用縮短式或非縮短式點字，但提供了一些能作為決策根據的基礎，而非

只靠「直覺」。不管最後決定爲何，教師應該依照這個決策持續一致的進行，讓學生有機會習慣看到以該種形式出現的單字。

創造充滿點字的環境

　　決定以點字作爲學生的讀寫媒介，並決定使用縮短式或非縮短式點字之後，第二步是檢視環境，了解學生有哪些能接觸點字讀寫的管道。《點字讀寫課程》（*Braille Literacy Curriculum*）（Wormsley, 2000）一書中，提出爲學齡學生創造充滿點字的環境，方法包括在學生學習的環境中加上點字，和一般明眼學生接觸印刷字一樣。明眼學生經常接觸他們的讀寫媒介，甚至在他們尚未能夠閱讀的時候就已經開始接觸了。教師讓明眼學生接觸印刷資料，並沒有預期學生會眞的去閱讀。當明眼學生經過走廊時，教師會告訴他們出口的標示、廁所的標示，或其他印刷的標示。學生可能無法立即認出這些字，但他們會不斷地看到這些標示。不刻意努力將點字融入生活環境中，以點字爲讀寫媒介的學生就無法持續在不經意的情況下接觸點字。

　　創造充滿點字的環境，第一步就是檢視環境，以決定哪些地方可以加上點字。教師一開始可先觀察學生的教室或走廊哪些地方有印刷字。這些觀察在家裡、學校或是復健場所都可進行。

　　重要的是，我們要知道一般用來教導明眼學生的字，在這個過程中可能是用不上的。舉例來說，對有認知障礙的學生來說，「exit（出口）」是用來學習閱讀的理想單字。學生可以學習在哪裡能找到這個字、如何辨識，以及了解在緊急狀況時可以使用這個出口。然而，出口標示通常超出視障學生的視力範圍，而且若學生是點字閱讀

者，出口標示也超出手能觸碰到的距離。因此，雖然教師可以在周遭
環境中放置像出口這樣的標示，但更需要發揮創意並找到其他可以做
成點字的印刷資訊。

教學環境

在學校或是復健的環境中，教師可從幫學生的周遭環境和個人
物品做標籤開始。例如，可以用點字將學生的名字寫在標籤上，貼在
置物櫃、書桌和其他個人物品上。其他學生的名字也可以用點字標
示在置物櫃、書桌和其他個人物品上，讓點字閱讀者能接觸。在家
中或在學校裡，電燈的開關上可像印刷字一樣，用點字標示單字「開
（on）」和「關（off）」。冷和熱也可用點字標示在水龍頭上。

一個學生名字的點字被打印在他桌子的標籤。

　　有些人提倡在家具上標示點字標籤。雖然這個方式無傷大雅，但教師希望確保孩子不會建立「類似的物品上面都有標籤」這樣的觀念。明眼學生在學校看到周圍的家具都有標籤，但會分辨出家裡或社區裡的家具是沒有標籤的。視障學生並沒有充分的視覺經驗來作為這種判斷的基礎，因此，他們常會推斷在某個環境中，事物的樣貌和其在任何環境中都是一樣的。告訴他們哪些類的物品通常會有標籤而哪些沒有，對他們來說是有幫助的。

一個學生置物櫃上的名字印刷字反點字。被打印出的凸點字「k」代表她的名字。

一個有用點字標記「開」和「關」位置的電燈開關。

　　對視障者來說，學習組織分類技能非常重要。因此，書架需要整理分類好讓學生能拿到他們自己的東西，利用標籤以印刷字和點字標示在書架上，以分辨那個地方放了什麼物品。通常注重獨立生活技能班級裡的學生，會使用功能性讀寫方式。標示會使用的設備，以及標示各種器具和備品，如餐具、碗盤和替換用餐墊放置的地方，可以讓使用者每次在布置餐桌用餐或是清理收拾東西時能接觸到點字。用點字標籤物品並把物品放置在同一個地方，能幫助學生變得更加獨立。未曾有過視力的學生，可以學到物品在環境中都有一個位置──它們並非是憑空出現的。

　　充滿點字的環境應該自學生的教室拓展到整個學校或是復健場所。無論學生到哪裡，他們都能接觸到點字。教師可能會想藉由在教室提供點字標籤開始，逐漸拓展到漸漸遠離教室的環境。這樣一來，教師能在周遭環境提供點字，也不會因為要試著一次執行所有任務而

感到壓力。舉例來說，當教室裡所有適當的物品都被貼上點字標籤後，教師可以開始製作教室外走廊的標籤。有印刷字的地方就可以有點字。教師的名字和教室號碼通常標示在他們的教室前面。廁所通常已有點字的招牌。

洗手間的點字標牌。

當訪客進入建築物時，通常會有標誌指引他們到不同的地方。為主要辦公室、行政辦公室、保健室、餐廳、圖書館，以及其他有標示可以轉譯成點字的教室或地點製作點字標示，並將點字標示和印刷字放在學生可以碰到的地方。當學生換教室的時候或在動態課程時，教師可以讓學生接觸這些標示。

視障學生通常會有音樂課，因為他們能夠記住單字並參與合唱。他們可能不知道閱讀單字和讀音樂也是閱讀的一部分。即使學生

還不能夠閱讀，提供視障讀者明眼學生所擁有的資料是很重要的。如果學生參與音樂課，他們應該要知道閱讀也是這個經驗的一部分。

家庭環境

雖然家庭環境也是「學習環境」，但其本質上並非像學校一樣是「教學環境」。但是，教師可以和家長合作，協助在家中提供一個像學校一樣充滿點字的環境。如果家長不會點字，教師可以幫家長製作家庭環境的標籤，並加上印刷字，這樣家長就能知道標籤屬於哪一項物品或位置。教師可以和家長討論要如何為孩子提供閱讀和寫作的模式（見「典範」一節）。在成人個案家中創造一個充滿點字的環境則需要多一點敏感度。對成人來說，家就是他們的領域。在為成人創造充滿點字的環境時，復健師首先必須建立個案對他們的支持，並確認他們對在自己的環境裡加入點字這件事是積極的。成人學習者可以選擇是否要參與為自己的家製作點字標籤。同時，當需要標籤的物品增加時（例如，藥物或火爐標記），復健師可以教導成人使用標籤系統，決定學習點字的學習者，在對於何種物品夠熟悉，能夠透過觸摸或嗅覺就能分辨，能很果斷的判斷，這些物品就能以點字標籤。觸摸常用物品上的點字標籤能讓成人學習者熟悉點字的感覺，且因為標籤是在熟悉的物品上，他們可以知道點字的意思並且習慣那個特定單字的形狀。可以透過嗅覺辨識放在香料櫃裡的香料，或者牆壁裝飾板上寫的熟悉諺語，都是適合做點字標籤以讓學習者接觸點字的選擇。如果成人學習者抗拒學習點字的話，創造充滿點字環境的這個步驟可能會暫緩一陣子。在這個情況下，復健師會希望跳過這個步驟，直接進入步驟3，讓學習者自己挑選他們需要或想要用點字閱讀的單字。有時候，成功閱讀一、兩個點字形式的單字，會激勵年紀較大的學習者更多的學習慾望。復健師會注意這個情況，並且不堅持一定要在成人

學習者的周遭環境中加上點字標籤，直到學習者準備好並有動力用點字學習更多東西。

工作環境

對於在主要學習教室之外，有工作或者有工作體驗機會的學習者，工作的任務能提供接觸點字的機會。學生可以派送當地的報紙。報紙要送到的教室可以用點字和印刷字辨識。像包裝塑膠餐具的任務，會包括要從不同的箱子裡拿出餐具。裝有不同物品的箱子可用點字做標籤，以辨識要拿的物品。「湯匙」、「叉子」和「刀」都是有意義的物品，應和點字符號相對應。提供點字的目的爲的不是讓學生

「newspaper」這個字的點字和大型印刷字配有一小捲報紙縮樣，指示報紙應投遞至此。

立刻學會單字，而是讓學生了解口語的單字是有書寫字的配對。因為這些字對學生來說具有意義，在某些時候這些字可以變成學生個人的閱讀和寫作字彙。這個時候這些單字在工作上對學生來說，就具有功能性的意義。

其他工作任務的名稱可能和數字有關，例如，包裝鉛管零件的任務。叫做「螺栓」的零件可以和一個數字配對，代表要從螺栓的箱子裡取出多少螺栓。這個配對可幫助學習者了解單字不只是物品的名稱，還代表了其他的意義，例如在此案例中，也可以和數字相關。

在環境中放置點字只是第一步。因為對視力受損的人來說，要找到物品上的點字比明眼人要找到印刷字來得困難，教師、家長及其他照顧者需要讓學生知道點字的位置在哪裡，並且解釋點字的意義。舉例來說，在學生的置物櫃貼上他們的名字是個好的開始，但是必須要告訴學生置物櫃上有貼名字，並且使用置物櫃時要記得確認名字。學生需要知道點字的位置，以及在不同的情況下重複地接觸。這個方式適用於所有放置有點字標示的環境。因此，要被閱讀的點字材料所放置的位置非常重要。學生的身體必須能接觸到點字，而點字需要放在學生能到達，並且可以用觸摸方式閱讀的地方。眼睛的水平高度不見得是能夠觸碰的高度。

典範

潛在的點字閱讀者不像明眼的閱讀者接觸印刷字一樣，有許多機會接觸作為閱讀媒介的點字。除此之外，他們也沒有這麼多能夠作為點字讀寫典範的人物。明眼人可以從周遭找到利用印刷字讀和寫的典範。因此，充滿點字的閱讀環境也需要包括使用點字從事各種工作和目的的示範。例如，教師可以利用柏金斯點字機或點字板及點字筆製作筆記給其他人，並要求點字閱讀者發放筆記（這也是獨立行動的動

態課程的良好目標）。印刷字—點字書籍是必須的，而且也越來越普遍。印刷字—點字書籍在書頁上同時有印刷字和相對應的點字。這讓印刷字讀者能夠唸書，而點字讀者能跟著讀；或者是點字閱讀者能夠唸書，並且向印刷字讀者展示圖片和印刷字。這些書讓家長能幫助他們閱讀點字的孩子了解較難的單字，這是只有點字的書所辦不到的。對尚未開始閱讀、但年紀又比一般入門讀者年長的學習者來說，找到適合他們年紀的印刷字—點字書籍可能會是個問題。為這些年紀較大的學生設立目標，唸印刷字—點字書籍裡面簡單的故事給年幼的孩子聽，能給他們動力來參與閱讀一些明顯是為了幼童所設計的內容。如後來介紹的，使用語言經驗方式製作印刷及點字兩者兼具的書籍，可以是另一個解決方法。

簡而言之，調整學習者的環境使之包括他們用來閱讀和寫作用的媒介是非常重要的。充滿點字的環境，目的在於發展「閱讀的組成」和「需要閱讀的地方」這樣的概念。要成為點字讀者的學生必須更常接觸需要閱讀的環境，而且點字接觸只能多，不能少。就如Kliewer和Landis（1999）所說的，「身為教育者，我們必須讓所有孩子身處在充滿符號和讀寫文化修養的環境，並且藉由完善的資源、活動及期望，促使他們參與其中。」（p.99）

無論學習者使用的是傳統或是功能性讀寫課程，步驟1和步驟2提到的概念，適用於所有以點字作為首要閱讀媒介的學習者。接下來的步驟在功能性讀寫課程中是高度個人化的。

步驟3

....

選擇個人化的閱讀及寫作字彙

下一個步驟是挑選開始指導個別學生時所要使用的單字，這也是點字讀寫能力功能性方式真正的核心。這些單字對學生來說越有意義，他們就會越有動機學習閱讀。如前言所述，當華納（Warner,1963）要求毛利孩子挑選他們希望學習閱讀的字時，她發現孩子們第一個想學的字，是對他們來說最充滿感情的字。這些字是他們最快學會並且最容易記住的字。

創造充滿點字的環境可以幫助沒有相關概念的學生，發展有關點字閱讀及寫字的概念。但若開始學習閱讀的符號對學生而言是沒有意義或沒有興趣的，學生就可能不覺得閱讀和點字寫作對他們有意義，或是沒有學習動機。在選擇開始學習的字彙時，發掘對學生而言重要的單字，尤其是提到這些重要事物時的特定字彙，是很重要的。舉例來說，如果學生有一隻很喜歡的寵物狗，找出人們提到狗的時候通常會用的字就很重要。「牠是一隻小狗嗎？是混種狗嗎？是公的嗎？這隻狗叫什麼名字？叫做札克？尼克？小花？」「狗」這個單字可能無法引起學生任何興趣，但如果是「小狗」和「尼克」這些字能讓學生聯想到他最喜歡的寵物，就能引起快樂的情緒。

首先，老師先蒐集字彙。如果學生像華納的毛利學生一樣可以用口語表達，便可以告訴老師他們想學什麼字。然而，創作故事的時候（參見步驟10），老師需要更多的字彙。因此，一開始使用學生提議的單字是足夠的，但是蒐集更多相關且有意義的字也很重要。

年紀大一點的學生通常會非常積極地列出想學習閱讀的單字。高中生會想讀出朋友的電話號碼或是CD標題，或者化妝品上的顏色標

籤。成人的家庭主婦會想閱讀調味料上的標示或者是孫子的名字。關鍵就是讓學生提供老師 —— 也就是你 —— 對他們來說最重要的單字。

　　有些學生較其他學生缺乏口語能力，雖然他們不能告訴老師想學哪些字，但仍然可以聽見並理解周遭環境中所使用的單字。面對這類型的學生，老師必須找出哪些單字是學生經常使用的。圖1為無法用口語表達自己的孩子，提供一種從家裡、學校或復健機構，以及社區環境中蒐集字彙的方法。

學習者環境中的單字

關於蒐集單字的問題	復建環境或學校環境	家庭環境	社會
和學習者有互動的重要人士是誰？			
哪些字是用來描述學習者的每日例行公事？			
學習者的嗜好、最喜歡的事和最喜歡的活動是什麼？			
哪些字是用來描述學習者的工作活動和日常瑣事？			

圖1　蒐集單字開頭字母的範例形式

資料來源：Adapted with permission f the publkisher from D. P. Wormsley, *Braille Literacy Curriculum*, coypright © 2000, Towers Press, Overbrook School for the Blind, Philadelphia, PA.

當老師開始使用這個工具蒐集單字時，可能也會發現很多關於學生且之前不知道的有用資訊，但重要的是了解所要蒐集的是單字，而不僅是資訊。復健師也可以將這個表格運用在成人學生身上。如果學生具有口語能力，復健師可以在問與答的時間，從周遭環境中的各個領域引導出單字詞彙。

和學生一起蒐集單字詞彙，尤其當學生沒有口語能力時，是要花很多時間的一件事。老師可以從檢視學校或是復健環境開始，這些環境有最多可取得的資訊，而後徵求家人的幫助來完成表中家庭和社區的部分。以下說明如何將這個表格運用在孩童身上，這個過程也易於轉換成面談的格式，運用於成人。

表中第一個問題是有關與學生互動的人。孩子最有可能和老師、教室助理、其他學生、學生餐廳裡的人、治療師等等互動。任務是寫下孩子稱呼這些人的名稱。例如，定向行動指導員名字是Conchetta先生，但學生可能稱呼他為「C先生」。這樣一來，C先生就會是用來閱讀和寫作的單字詞彙，而不是Conchetta先生。

第二個問題是關於學生的日常生活習慣。包括的單字詞彙例如學生平時會去的地方名稱（學生餐廳、公車站、體育館），也包括固定的活動（音樂、烹飪、體育課、健身、圖書館、午餐）。學生餐廳裡的菜單上會有學生喜歡的食物（起士通心麵、番茄湯、千層麵、可樂、巧克力牛奶）。教室裡會有許多物品名稱可以用來作為閱讀和寫作，或是其他活動（點字打字機、點字板與點字筆、錄音機、紙、置物櫃、書桌、椅子）的素材。這些物品在功能性方式中都變成對點字讀寫能力教學有意義的單字詞彙。

第三個可以發掘單字詞彙的領域是興趣、喜歡的事物，或喜歡的活動。老師可以列出和學生在學校最喜歡做的事相關的單字詞彙。運用這個方法為學生所選出的一些單字包括收音機，是和聽收音機的活

動有關；百事可樂，相關的活動是走到飲料販賣機買汽水；以及錄音帶，相關的活動是聽錄音機播放的音樂。

　　表格最後的部分，是有關學生上課時在教室裡做的雜務或工作，也包括家事或者成人實際就業的工作。學生可以協助遞送學校報紙或是擔任實習工作，而有了其他相關的單字詞彙。同樣地，所選的單字應該要是提到這些工作時真正會用到的詞語。「遞送報紙」（deliver the newspaper）這個片語對執行這項工作的孩子來說是有意義的。「實習」（pre-voc）是在上學的時候在學校用來代表工作經驗或活動的詞彙。工作時所用到的字也可以當成字彙的一部分，例如：必勝客、披薩、盒子以及折疊，可以當作是為在校外披薩店打工摺疊盒子的學生所選擇的單字詞彙。

　　老師應訪問對孩子很了解的家人或其他照顧者，以便從家庭和社區環境中蒐集單字。照顧者通常可以加入單字詞彙中。所挑選的單字應該是孩子用來稱呼家中和社區環境中最重要成員的名稱。孩子會和在家庭環境中的父母親、祖父母及兄弟姊妹互動。但是就跟在教室環境裡一樣，所挑選的單字應為孩子對這些人的稱謂（例如：媽媽、爸爸、奶奶、爺爺、珍和阿布）。如果關係不確定的話，老師可以在表格上的括號裡替孩子標註（例如：奶奶是媽媽的母親，但祖母是爸爸的母親）。這些稱謂和孩子自己的名字可以是他們的第一個閱讀單字。

　　訪問家人有關孩子的日常生活習慣，可以提供許多可用的單字或片語，例如：「快點！吃早餐」，或是「把你的蛋吃掉」。老師需要記錄家人常和孩子使用的片語，即便孩子不說這些片語，還是要記下來。透過和家人談話來了解日常生活習慣，也可得知其他對孩子來說很重要的人物——和孩子互動的人，把他們的名字稱謂加入表格的第一部分。也許透過和家人談話來了解生活習慣，會讓他們想到校車司

機倪先生，或是其他和孩子一起搭校車的人。訪談可以深入了解孩子在日常生活中喜歡什麼和不喜歡什麼，能幫助老師決定在什麼時候要用什麼單字。有時，孩子會告訴大家他們喜歡什麼。較缺乏表達能力的孩子較難說出這些單字，這也是爲什麼家庭訪談如此重要的原因。

教師可以伴隨日常生活一起詢問孩子，假日都跟家人做些什麼？他們像往常一樣去奶奶家吃晚餐嗎？他們去教堂還是寺廟？他們有散步嗎？有購物嗎？有沒有做家事？孩子也許會很開心與家人一同在戶外活動，或每週都去速食店。

當孩子向家人談到日常生活時，要避免對他們選擇的活動做價值性的評論。家人的經驗對孩子來說是很有意義的，在談論的上下文選用這些詞彙，無論對他人來說有趣與否，都是不重要的。

如果孩子無法提供有關喜歡的嗜好、物品或活動的單字，可以請家人提供孩子喜歡的歌曲名稱、歌手的名字、電視節目、遊戲、食物、玩具或活動。例如：孩子有一條最喜歡的毯子叫做「小坦」，另外一個孩子最喜歡的娃娃叫做「蘇」，另一個孩子有隻最喜歡的寵物兔子名叫「大耳朵」。這些名字就是要蒐集的重要單字，但老師也要在括號內加上這些名稱所代表的物品描述，以便於讓老師記住「大耳朵」是兔子，而「蘇」是娃娃。

最後一個要問的範圍是有關工作或雜務。有些學生在家可能不用做家事，其他學生則可能被要求參與某些家事活動，而老師應該要知道學生參與的是哪一項活動。學生的家裡把這些活動叫做「家事」，或者叫做「責任」，還是稱爲「工作」？雜務的特定名稱也應記錄下來：倒垃圾、清理廢紙簍等等。所蒐集的資訊越明確，閱讀的字彙就會越個人化。

在老師蒐集各個環境的單字詞彙後，可以記錄下孩子最喜歡使用的表達方式。學生熟悉這些字，並且在使用時了解它們的意義。有時

當孩子聽到喜歡的老師的一句問候，臉上就會展露笑容。舉例來說，當C先生走進教室說：「嗨，夥伴們！」吉米的臉就亮起來了，並且知道是上定向行動課程的時間。用這個表達方式來學習閱讀，對學生來說是很有趣的。

利用這個表格可以幫助創造出許多組單字或片語，以作為開始閱讀之用。透過這個過程所蒐集的單字，代表了此時此刻對學生來說最重要的單字。這些就是學生們的功能性單字，用來作為許多有趣故事、遊戲和活動的基礎，孩子開始學習閱讀和寫作點字的時候，老師和學生可以共同發展這些單字。

在對有表達能力的成人使用這個表格的時候，復健師可以用和跟孩子的家長訪談時類似的方式，但訪談對象改為成人的個案。此外，成人可能會有自己希望達到的讀寫能力之特定目標，這也可以作為部分開始學習的單字和課程的基礎。這些特定的目標可以產生學習的單字。

舉例來說，如果成人的家庭主婦希望能夠列一張自己可以閱讀的購買雜物清單，上面有她平常會買的訂書針，訂書針的名字就可以寫在表格中家庭日常生活的項目底下。如果學生希望能閱讀電話號碼的話，也可以選擇數字當作閱讀的單字。復健師可以將訪談的話題延伸至包括家人和朋友的名字，這也可能是學生希望能閱讀的。

面對英文非母語的成人，訪談時可能會需要翻譯人員在旁邊，幫忙將關鍵的單字翻譯成英語。後續的課程大致會同時有點字教學和英語教學兩種目的。剛開始和初學者、學生或成人上課時，20至30個單字就足夠了。老師或復健師可以蒐集更多單字，且當學生能夠成功辨識這些單字時再加入新的單字。

步驟4

製作單字盒和閃示卡，教導第一個關鍵單字

　　當學生的閱讀和寫作字彙列出後，老師和學生，不管是孩子還是成人，可以一起決定在功能性讀寫能力課程中想最先學習的單字。這些單字會成為學生的關鍵單字，而每個單字都會用點字分別寫在閃示卡上，用來教導學生閱讀他們自己的功能性字彙。閃示卡可存放在學生的單字盒裡。

製作單字盒和閃示卡

　　單字盒內有閃示卡，閃示卡上的單字是學生自己所挑選的，並標有點字。單字盒上可以用點字標示學生的名字，以供辨別，也可以用像是彩色蠟條（蠟製的、可彎曲的條狀物）或是凸起的貼紙等東西裝

容納學生字卡的單字盒，可以是一個簡單的塑膠容器，也可以依照學生的喜好去裝飾。

飾，讓盒子具有獨特的觸感。裝飾的方式應讓學生自己選擇。老師可以把製作單字盒當成一個有趣的藝術作業，也可以幫助學生建立他們的小肌肉運動技能。成人可以選擇用簡單的單字盒，例如塑膠的保存盒。

　　單字應用點字標示在尺寸一致的卡片上，例如索引卡片。一般來說，點字閃示卡會將右上角剪掉，形成一個角度，讓點字閱讀者知道在閱讀時要如何擺放卡片。不要只放一個單字在卡片正中央，單字前應有一個空格，先有2-5個點所組成的導入軌（lead-in line）；單字後面空一格，接著以2-5個點的導入軌作爲結束。使用導入軌讓閱讀者能夠在閃示卡上定位單字，同時讓手指保持由左到右的方向，減少閱讀者摩擦（手指在點字上面上下移動）點字，這樣會使閱讀者的速度變慢。使用中型的點2-5作爲導入軌，也可以讓指間保持在中央，讓學生對接在導入軌後面的字的位置有一個參考的架構。學生最後可以不用導入軌的引導，但剛開始的時候，導入軌越長越好，因爲導入軌會促進學生在尋找單字的時候，由左至右流暢地進行（卡片應該越大越好，以鼓勵學生用適當的方法尋找單字。小於3"×5"吋的尺寸大小將不利於適當尋找單字。）。

　　有許多種類型的卡片可用來製作閃示卡：

- 3"×5"吋或4"×6"吋的索引卡片。
- 空白的閃示卡可向美國盲人出版屋購買，其所販賣的閃示卡已經剪去一角。
- 像有聲讀卡機所使用之附有磁條的卡片。

　　有聲讀卡機，例如：Cardmaster、VoxCom和Language Master，是使用附有磁條的卡片。老師可以在卡片上的錄音磁條中錄一段簡短的訊息，和卡片上的點字單字或片語相符。一旦學生學會如何使用卡

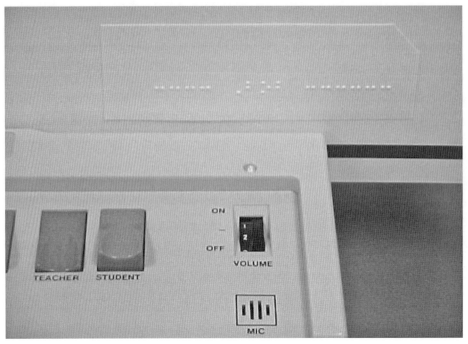

有聲讀卡機使用附有「導入軌」和「導出軌」並結合磁條的閃示卡。

片和機器重播錄音訊息，他們便可以檢查自己的正確性，先讀出卡片上的點字，再用機器播放卡片來檢查自己是否唸得正確。

老師應該為單字盒做一張閃示卡，為學生的每一個功能性單字做一張閃示卡，再為每個單字多做幾張閃示卡，這樣學生每個單字便可以看到不只一次。要記得當明眼學生閱讀閃示卡時，他們有一段延長的時間可以看閃示卡。點字閱讀者應該要能夠重複閱讀閃示卡，直到能確定那個字是什麼，並且他們也要有多次機會來決定那個單字為何。

所有學生能夠辨認的字都存放在單字盒裡，並且當學生能夠辨認一個單字時，該單字卡就會被放進盒子裡。需注意的是，單字卡放在單字盒裡時，要讓學生在「卡片存放在盒子裡的」狀態下，仍可以

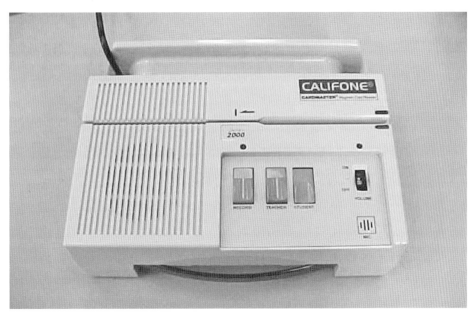

有聲讀卡機。

閱讀單字。藉由將卡片正面朝下放，讓點字朝著盒子底部，如此，閱讀者可以不用把單字從盒子裡拿出來，就能輕易地閱讀。有些人可能會感到疑惑，到底最後會建立幾個單字呢？不管學習的單字是否會變成習慣用字，並運用到更廣泛的讀寫活動，都是根據學生學會辨認每個單字的速度而定。當學生開始使用自然發音技能來解讀不熟悉的字時，如果覺得不再需要或不想用單字盒時，就可以逐漸減少其運用。

指導與學習第一個關鍵單字

單字盒準備好，選出第一個關鍵單字，並完成閃示卡製作之後，需要教導學生如何將卡片擺放成閱讀的位置，讓學生能獨立使用單字盒。在單字卡底下使用不會滑的材質（有一種叫做Dycem的材料或是由橡膠板做成的墊子，效果不錯），讓學生可以用雙手閱讀卡

片且能讓卡片維持在原來的位置。如前所述，閃示卡的右上角會有一截角，幫助學生將對的那一面朝上。學生將卡片正確擺放在墊子上之後，老師會爲學生示範如何沿著導入軌找到單字，以及如何將手指保持在單字上移動以找到導出軌（lead-out lines？）。應鼓勵學生將兩隻手的四個手指頭保持放在點字行上，並將食指相鄰放在一起，這樣，閱讀者便有八個手指的幅度可運用。越多手指和點字行接觸，閱讀者就能得到越多訊息。食指通常會辨認字母，雖然只能辨認一個或兩個字母。其他手指可扮演「偵查」的角色，來決定這個字或這一行有多長，或是保持和點字行的接觸，這樣手指才不會不小心從這一行滑到另一行。告訴學生在點字行上手指的擺放很重要，並且要觀察學生是否在手和手指的位置擺放上有任何困難。

接著，老師需協助學生用觸覺辨識單字。在碰到那個單字之前就了解它，能幫助學生保持手指在單字上的移動，並告訴老師那是什麼字。因爲學生已經選擇或是已經熟悉這個單字，他們更能告訴老師那個字是什麼。如果不行，老師要幫忙學生辨識單字。一旦學生感受這個單字幾次以後，老師應該和學生討論這個字摸起來的感覺如何，並指出這個字獨特的特徵。舉例來說，如果這個字很長，老師可以和學生討論這點。有些學生，老師可以跟他們討論這個字開始的點是在上面、中間或是下面，如此一來，學生便可以習慣用這樣的方式思考。

舉例來說，「貓」（cat）這個單字裡面，是由所有的點都在上方開始，都在導入軌的上方，然後以在上面、中間和下面位置的點作爲結束。這樣分析單字的特徵會是學生辨認單字的開始，但老師會慢慢開始介紹這些字開始的個別字母，也可以用來辨識單字。如果有些學生先前受過一些點字的訓練，在這個活動中，他們可能已經能辨識這個單字開頭的字母。

有些學生需要額外的活動來幫助他們聚焦在不是導入軌的單字

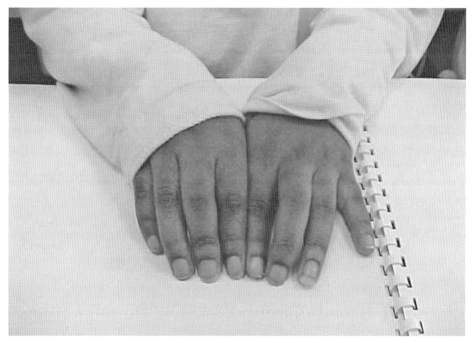

這位學生正在練習當閱讀點字時讓手指保持一直線。

上。為了達到此目的，老師可以製作空白的單字卡，上面有2-5個點在一行的開始和結束，並且在單字要擺放的位置留一空白。利用這張卡片和關鍵單字卡，老師可幫助學生了解在卡片上的是單字或者只是空格。這能幫助學生了解應該要注意閃示卡的哪一個部分。

　　重要的是，要把一個單字學習到滾瓜爛熟後，才能開始學習另一個單字。在學習到熟練的過程中，討論這個字的外型和觸感是很重要的。史雲森（1999）建議先介紹學生的名字，接著是五個一組中間沒有空格的點字細胞，將其當作第二個「單字」，並把它取名為「無名氏先生」（Mr. Nobody）。然後學生就可以玩分辨自己的名字和「無名氏先生」的遊戲，如此一來，老師可以發現，不管學生是否能完成這項分辨的任務，他們都會很樂在其中！

⠚⠕⠓⠝   ⠦⠍⠗⠲⠝⠕�⠽

John   "Mr. Nobody"

　　只教一個字，可以讓學生立刻成為成功的閱讀者。因此，下一步就是決定什麼時候要教下一個字。對於年紀較大的學生或成人來說，當他們能夠分辨第一個字、空白單字卡和「無名氏先生」時，就可以開始教下一個字了。有認知障礙的學生會在辨別的活動上花較多的時間，也會花較多時間學習如何將卡片擺放在墊子上，如何閱讀卡片，一遍一遍地重複唸，並分析每個字的觸感，之後才能把這些字放回單字盒裡。

　　介紹第二個單字時，老師可以依照和第一個字一樣的程序。老師要告訴學生這個字是什麼，並且讓學生依循導入軌，找到並閱讀單字。老師和學生可以討論這個字的觸感如何，並將它和第一個字以及「無名氏先生」做比較。如果第二個字和第一個字的觸感不同，便能幫助辨識，也就是說，第二個單字在長度或是字母的組成上和第一個字有明顯的不同。老師可以問一些問題，例如：「這個字比你的另外一個字長嗎？」「還是比較短？」「這個字一開始的點的位置在哪裡？」「結束的點的位置在哪裡？」「你有摸到什麼讓你覺得很特別的嗎？」學生的回答可以幫助老師了解這個字有哪些地方需要講解。如果學生無法回答問題，老師應該要示範這個過程，提供答案。

　　老師可以帶入簡單的辨別遊戲來判斷學生用觸覺分辨兩張單字卡的能力。「無名氏先生」和空白單字卡也可以包括在內。老師會先準備許多卡片，上面的每個單字都有標示點字，這樣學生就不會利用單字卡上其他無關的特徵（例如，卡片右邊某個粗糙的點）來分辨單

字。

學生也可以學著將閃示卡分成兩疊：讀得正確的閃示卡一疊，讀錯的閃示卡在另外一疊。可以教導學生利用磁卡讀卡機來檢查自己的閱讀，並將讀得正確的單字和其他單字分開。準備能裝這兩組卡片的容器會有助於這個過程。學生能獨立分開唸得正確和不正確的卡片後，就可以當成一個每天固定的活動，老師可以檢視學生所分的卡片做成閱讀成就紀錄，也可以當作潛在的診斷式教學（將於步驟11時討論）。練習每個字直到能自動辨識，就象徵著已經熟練了。老師所想出的單字閱讀和辨認遊戲越多樣化越好。史雲森（personal communication, May 5, 2003）也提供了其他類型的配對遊戲：

- 將閃示卡分成兩組或多組（例如：用10張卡片，其中五張有一個相同的字，另外五張有另一個相同的字）。
- 將閃示卡配對（例如：用裝閱覽證的小袋子黏在老師做的板子上，或是用魔鬼氈）。
- 記錄學生在一分鐘內可以正確辨識出多少張閃示卡。

對於將功能性讀寫方法運用在成人的復健師，磁卡讀卡機會很有幫助。復健師和成人個案可以一到兩週碰面一次。如果個案有能力並且態度積極，復健師可教導他如何使用磁卡讀卡機來檢查正確性，並讓學生自己使用機器及磁條卡上有點字的單字卡。同時也在學寫點字的成人（且在這個領域的能力可能優於閱讀能力）可以自己製作關鍵單字卡，在把單字用點字標示後，立刻用磁卡讀卡機的功能錄下單字，這樣可以讓他們增加獨立認字的能力。

介紹新字的速度會根據學生先前學習單字的能力而定。路德曼（Routman, 2003）寫道，我們必須「在教學時感到有急迫性……利用在教室裡學習的每一分每一秒……確認我們的教學能讓學生投

入並帶領他們向前……利用日常評量和檢討做出聰明的教學決策」
（p.41）。因此，儘快介紹新的單字是很重要的。老師一開始可以先
以每天介紹一個新的單字爲前提，評估學生分辨新單字和已學過單字
的能力。每天在單字辨識時都能正確分辨每個字，老師就可以介紹新
的單字。如果這個步調對學生來說太快，他們不能很容易地分辨新單
字，老師便可以降低介紹新單字的頻率。老師應該記錄所介紹的單字
以及學生辨認出的單字。用來了解學生是否已經熟練一個字的眞實測
驗，是個獨立的測驗。在附近沒有老師在場且沒有提示的情況下（A.
Swenson, personal communication, May 5, 2003），學生要能正確地
分類。

華納（1963）認爲，如果她的毛利學生們沒有立刻學會單字，
就代表那個單字對學生來說不夠有吸引力。在這樣的情形下，她會把
單字從單字盒中拿出來。不管什麼情況，老師需要讓學生選擇閱讀的
新單字，並用和之前介紹單字一樣的方式來介紹這個新的單字。同
時，老師會開始介紹點字讀寫能力功能性方式的下一個步驟：觸覺感
知技能教學。

透過追蹤活動教導觸覺感知技能及字母辨認技能

當學生能成功辨認單字盒內兩個以上的單字，並且至少達到90%
的正確率，便可以開始利用這些單字介紹追蹤練習，並開始從單字中
選擇單獨的字母，用來教導如何正確地辨識字母。

追蹤活動

在點字閱讀教學時，追蹤技能（在閱讀點字的時候保持和點字行的接觸）不應和認知技能及字母辨認技能分開。學生在沒有被要求辨認字母的時候，就已經能輕易地從點字行上學到流暢的追蹤技能。但是加入字母辨認的要求後，追蹤的流暢度就降低了（Wormsley, 1979）。手指要能夠自動分辨字母，才能一邊閱讀，一邊讓手指保持由左至右沿著字母移動。初學的讀者必須時時注意保持手指由左至右在字母上移動，也可能會在辨認字母的時候遇到困難。初學者可能會需要回到每一行的開頭重新讀一次。但是當辨認點字字母的能力逐漸發展，辨認出每個字母或單字反而是讓手指繼續往前的動力。手指的移動是產生觸覺辨認的必要條件（Kusajima, 1974; Millar, 1997）。沒有學過辨認字母的學生，在手指由左至右滑過字母時，會養成手指在字母上面上下移動的習慣來幫助辨認。這種行為稱為「摩擦」，會降低閱讀的速度，必須在開始閱讀教學時就先說明。幾乎所有的點字閱讀者在某些時候都會出現摩擦的行為。閱讀者會告訴老師他們無法辨認手指底下的字母，並且知道他們必須認出字母才能繼續閱讀。

老師要開發用來追蹤和正確辨認字母的教材。《曼高觸覺感知及點字辨認發展性課程》（*The Mangold Developmental Program of Tactile Perception and Braille Letter Recognition*）（Mangold, 1989）正好是為此目的所設計的課程。此課程是設計用來發展良好的追蹤和手部移動技能，同時也教導學生辨認所有的字母。因為發展性方式是使用個人化的字彙，並且從學生已經知道的關鍵單字中汲取字母，所以可能無法照著曼高課程所設計的方式進行，但這項課程提供了許多有用的活動，讓老師可以運用在功能性方式中。

　　有用的入門學習活動包括一整張紙，布滿由點2-5所組成的點字行，行與行之間空兩或三個間距。其可當作用來測量學生會遇到的字母之基準線，因為有些點字字母包含點1-4，這樣的組成方式位置會在基準線的上方，而有些點字字母包含點3-6，會在基準線的下方。有些教學者會提倡不用點2-5而改用一整行點字細胞當基準線。用點2-5而不用一整行點字細胞的原因之一，是因為這樣學生的手指不會太快就「麻木」（意即變得不敏感）。一旦學生對點字更敏感的時候，在之後的課程中使用整行點字細胞就不會有類似的問題發生。初學者手指的敏感度很快地就會降低，因此剛開始的時候每五分鐘左右務必要休息一下，並逐漸增加追蹤活動的時間長度。

　　學生一開始用兩隻手的食指一起放在點字的邊緣。兩隻手必須靠近，同時其他四根手指頭要碰到點字行。這表示學生需要將其手指彎曲，以保持和點字行的接觸。在此初期的追蹤階段，老師需要密切地觀察學生以監督他們的手和手指活動。學生可能會認為這對他們來說是很困難的。需鼓勵學生不斷試著運用兩隻手的其他四根手指頭，並將雙手緊靠在一起。老師可用鉛筆或是其他筆直的物品邊緣做示範，讓學生知道手指是否排列在一直線上。老師也可利用引導式的閱讀技巧，當學生閱讀時，老師將左手的拇指和其他手指形成一個「框」，放在學生手指的左上方。學生追蹤點字行時，老師的拇指可一起沿著點字行輕輕推動他們的手指。

　　成人或是年紀較大的學生較不需要協助，但認知障礙的學生會需要一種有系統的方式，幫助他們找到點字的第一行以便開始追蹤。書頁必須截去右上角，類似閃示卡剪去卡片一角的方式，如此一來，學生便可獨力將書頁放在止滑的平面。要教導學生將手移動到書頁的左上方，再往下移動直到碰到點字為止。這時，學生便可開始從第一行的開頭追蹤點2-5，並繼續往下到最後一行結束。

　　要求學生在一開始時使用雙手，可以讓他們感受到點字在手指底下移動。同時也可以配合使用另一種方法，鼓勵學生只用右手閱讀，例如將左手當成標記，而使用右手進行所有閱讀。使用雙手讓兩隻手的手指頭都能變得敏感，並且有同等接觸點字的機會。以這樣的方式，較爲慣用的手可能會成爲主導。左手食指對閱讀點字較敏感的學生，就能體會到用左手閱讀的好處。偶爾讓雙手分開閱讀也是不錯的方式，如此才能確保兩隻手都能學習到如何分辨點字單字及字母。如果其中一隻手較不敏感，多使用那隻手做額外的練習可幫助改善。老師也可以發明遊戲，讓兩隻手相互競爭（A. Swenson, May 5, 2003）！

　　當學生能夠將雙手從頭到尾保持在點字行上而不「跌出」點字行外，老師就可以教導他們如何將雙手移到下一行。有兩種不同的指導方式。第一個方法是讓學生將雙手一起移動到下一行。學生將雙手同時移回到剛追蹤完的那一行，然後將雙手同時往下移動找到下一行並追蹤。這個方式對初學者來說通常較爲容易。第二個方法是讓學生將右手留在剛追蹤完那一行的結尾，將左手移回到該行的開始，然後往下找到下一行。找到之後，學生就可以在雙手離開點字行之前，將右手往下移動找到左手，開始一起追蹤新的一行。老師一開始可以讓兩隻手一起移動，再評估學生的能力，在開始介紹第二個方法之前，視情況讓他們的雙手在一行的結尾分開。雙手分開能讓點字的閱讀更有效率。

　　當學生學會追蹤由點2-5組成且間隔三行間距的多行點字，老師便可開始將一些簡單的辨認技能帶入追蹤教學中。藍博（Lamb, 1996）和史雲森（1999）針對如何爲學生設計有用的追蹤活動，提出了很好的建議。較簡單的方法是將學生知道的第一個關鍵單字放進由點2-5所組成的每一行之中，但是放在每一行的不同位置。老師可

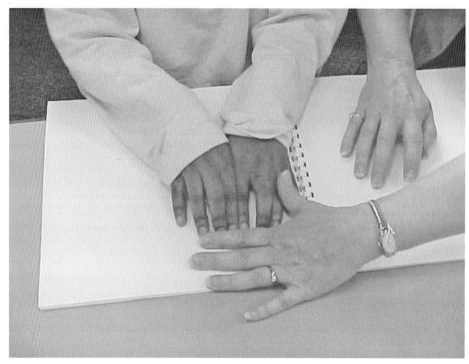

老師用她的左手做一個框，幫助學生在點字行上正確地擺放手指。

設計一些有關使用這個單字時有意義的情境。根據學生喜歡的活動設計追蹤活動的情境。這時，面談以及有關興趣和喜歡活動的訊息就會派上用場了。

　　舉例來說，如果小柏的第一個單字是自己的名字，而他喜歡游泳，情境可以是由點2-5所組成的點字行代表了游泳池裡的水，而小柏的名字代表了他在游泳池裡的位置（參見圖2）。請小柏沿著點字行追蹤，看看他游了多遠。當他找到自己的名字時（名字兩側以一個空格和點2-5組成的點字行區隔），要大聲說出自己的名字，並繼續追蹤到那一行結束。每一點字行中放置小柏名字的位置應該相互交錯，這樣老師便可以了解他是否能在每一行找到自己的名字。

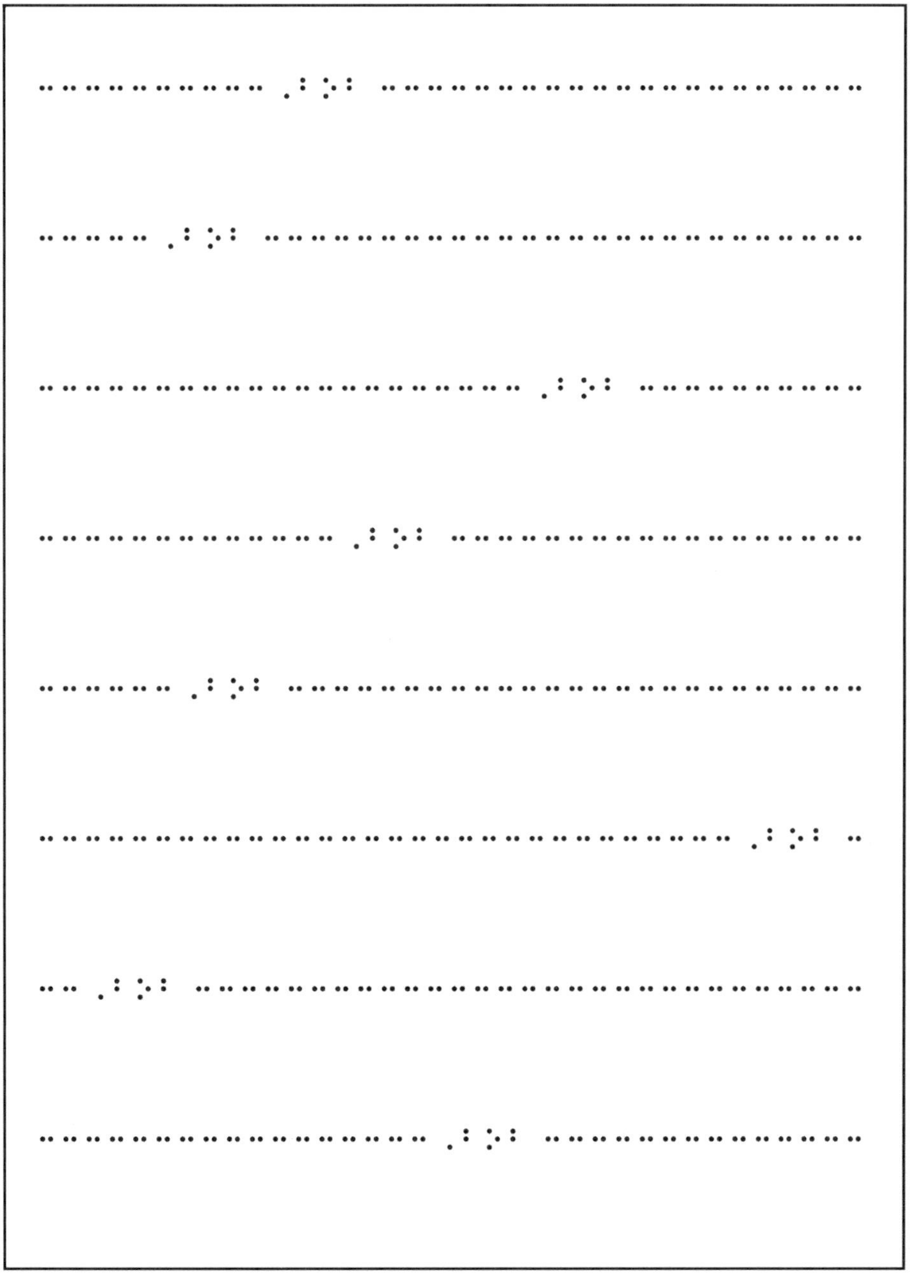

⠀⠀⠀⠀⠀⠀⠀⠀⠀⠀⠀⠀⠀⠀⠀⠀⠀⠀⠀⠀⠀⠀⠀⠀⠀⠀⠀⠀

圖2　小柏在泳池游泳

　　剛開始的時候，注意要提醒學生當手指碰到自己名字的時候仍要保持移動。利用學生已經熟悉的單字，並且讓他們知道那是什麼字，對這項活動會有很大的幫助。

　　在剛開始學習的階段，學生可能無法辨認手指的感覺已經變得麻木，因此，老師在密集的追蹤練習期間必須仔細注意學生的表現。學生會感覺到對點字字母越來越不敏感並開始出現錯誤，或者雖然他們之前表現很好，但卻開始表示自己無法辨認出字母。學生要學會做短暫的「手指休息」，以避免發生手指麻木的情況。讓學生用護手乳液按摩手和手指頭，或者暫停幾分鐘改做其他活動。

　　當學生能夠成功完成追蹤，並能正確辨認出現在點字裡的第一個關鍵單字，就可以使用第二個關鍵單字開始做追蹤練習。同樣地，老師也可以用這兩個單字設計練習情境。舉例來說，如果小珍的兩個單字分別是她的名字和她養的小狗的名字小花，而且她喜歡和小花一起散步，則第一個情境可以是她正在後院走向小花的家，然後她們可以一起散步（一頁由點2-5組成的點字行，在每一行不同的位置有小珍的名字）。第二個情境可以是小花跑掉了，小珍要在人行道上找到牠（一頁由點2-5組成的點字行，在每一行不同的位置有小花的名字）。當小珍可以分別找到並認出這兩個名字，就可以在點字行裡同時放入兩個名字。這個情境可以是小珍正試著要找到小花。小珍必須追蹤點字行，從每一行裡找到小珍和小花的名字。這一頁可包括由點2-5組成的點字行，小珍和小花的名字分布在不同位置，有時候是小珍的名字在點字行的左邊，小花的名字在右邊，有時則是相反（參見圖3）。這樣一來，老師就能結合追蹤活動和單字辨認，而且也能記錄學生對兩個熟悉單字的辨識表現。

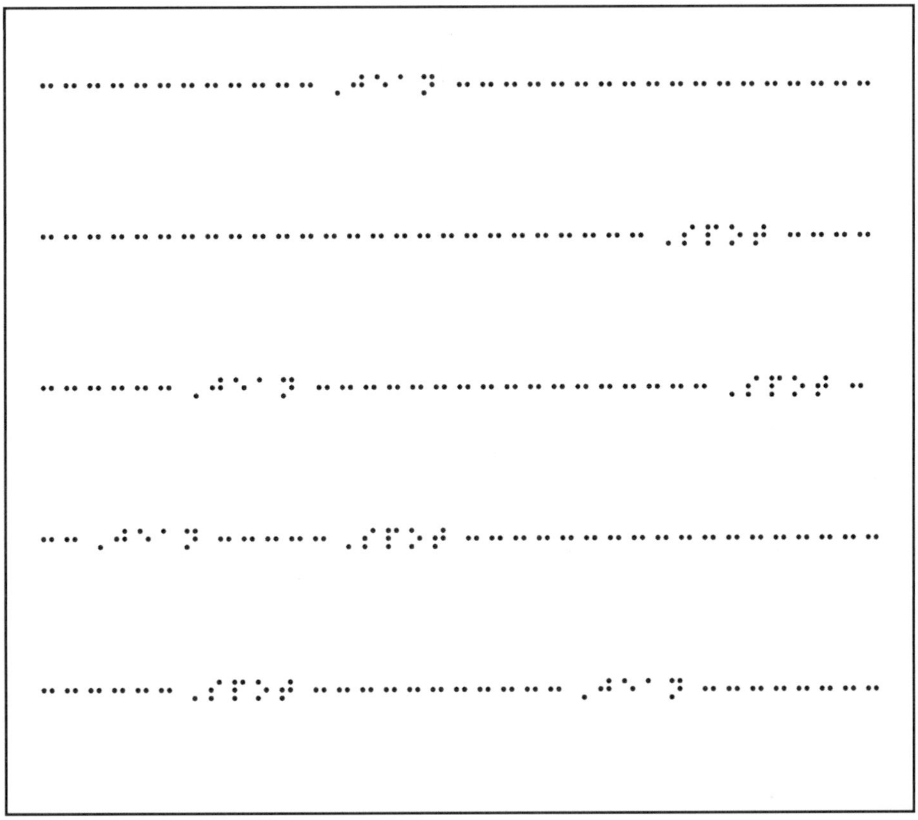

圖3　小珍和小花散步

　　成人或年紀較大的學生會想製作自己的關鍵單字卡，也會想結合點字書寫來創造自己的追蹤練習。非常重要的是，學生首先要了解在他們製作了追蹤練習後，為了預防手指摩擦點字，必須要確保讓自己的手指在點字字母和單字上移動。這對他們來說可能有點困難，因為自己創造了練習，並且不希望為了辨認單字而停下來。而後老師可建立和追蹤活動類似但不相同的活動以測試學生，確認他們真正學到單字，而不是靠著記憶單字在點字行或書頁的位置來學習。

　　如之前所說，這個學習閱讀方法的步驟可以同時進行。當學生在

做追蹤練習時，老師也可以用上述的方法向學生介紹新的單字。學會新的單字後，就可把單字放進單字盒。之後就可把這些字加進辨認遊戲，並在新的情境中用來追蹤。同時，老師也可以開始介紹字母的辨認。

字母的辨認

當學生能夠追蹤含有兩個以上關鍵單字的點字行，並且在遇到這些字的時候可以分辨得出來，就可以開始練習辨認字母。學生或許會想為字母製作一個字母盒，並且像裝飾單字盒一樣裝飾它。老師可以從其中一個關鍵單字裡選擇觸覺上最特殊的字母，作為第一個辨識的字母。在單字辨識的時候建立成功的經驗很重要，因此必須謹慎地選擇第一個字母。挑選點最少的字母當作第一個字母，並且儘量不要選擇觸覺閱讀者容易混淆的字母（例如：i和e，或者f、d、h和j）。

用介紹第一個關鍵單字的方法介紹這個字母，並使用有導入軌的閃示卡。介紹字母的時候，也介紹它和關鍵單字的關係，並且唸出它在關鍵單字裡的讀音。例如，山姆的關鍵單字是radio（收音機），那麼字母r在radio這個單字裡的讀音就是/r/。史雲森（personal communication, May 5, 2003）建議這個時候很適合指出一個字母最不一樣的特性，如此一來，當學生的手指在點字字母上移動時就會注意到這些特性。（舉例來說，字母y的左邊有一個大洞，而字母r的上方和右下方都有一個洞。）剛開始的時候，先製作很多行的r以用來進行追蹤，而後把r放進radio這個單字裡，用來檢查以確認學生確實有注意到他們所感覺的東西，而非只是在追蹤點字行。透過追蹤學生才會不斷地判斷指尖下的字，因此，積極參與追蹤是必要的。

請學生提供其他以/r/發音開頭的字，同時，檢視之前蒐集的單字詞彙中是否有以/r/發音開頭的字。若學生沒有提供單字，老師可以提

出建議。這時很適合介紹另一個/r/發音的單字，因爲開頭的字母會一樣，且可用這項練習開始教導如何分辨相同字母開頭的單字。

　　/r/發音的閃示卡也可以用在和之前單字教學一樣的遊戲中。準備許多有字母r的卡片和許多組到目前爲止學過的關鍵單字卡片，可以使用在許多不同的分類遊戲中。分類遊戲的舉例包括：

- 找到每一張上面寫有Sam（山姆）的卡片。
- 找到每一張上面只有寫r的卡片。
- 找到每一張上面有radio（收音機）的單字卡，或假如另一個r開頭的單字是ring（戒指），也要找到每一張上面有寫ring（戒指）的單字卡。
- 找到所有r開頭的單字，再把含有radio（收音機）和ring（戒指）的單字分成兩堆。

　　在教關鍵單字和追蹤的時候，老師需要發揮創意來設計具激勵性且有趣的活動和遊戲，不論學生的年紀多大，都能練習閱讀這些字母以增進他們的辨識技能。

　　對孩子來說，一次介紹一個字母能促進辨認的成功率，而介紹字母的順序主要可以參照學生的關鍵單字開頭的字母，儘量讓這項練習更有意義。相對地，成人可能已經學習過閱讀，對學習新的符號編碼或許會感到焦慮。這時對成人的教學進度便可以稍微快一點，也可以開始練習辨認所有的字母。學習每個字母的時候，要確保新的單字持續地加入。舉例來說，給成人的字母辨識頁面可以有一個字母不同於其他每一行點字裡的字母，學生需要找到那個不一樣的字母。成人在此辨識字母的階段使用曼高的教材，不需要修正就能得到很好的效果。

　　在介紹每個新單字的時候，老師需要想出一些活動和遊戲，讓學生能分辨這個字母和其他字母的不同。有許多進行的方式：

- 建立追蹤學習單，只用一個字母重複出現在每一行，字母兩個有一個空格，並且讓學生指出該單字爲何。字母兩邊的空格在一開始是很有幫助的，空格可以將字母區隔，讓學生除了感覺一整行的字母以外，能分別感受每個字母。點字的格式在手指底下重複出現，可幫助辨認的學習。

- 建立追蹤活動學習單，在一列中，同樣的字母重複出現五到六次，然後換成已經學過的另一個字母。讓每個字母出現的次數都不一樣，如此一來，學生不會預期何時要換另一個字母。這項活動可以根據學生的情況，設計成一整個頁面，兩行或三行間距區隔。

- 建立追蹤學習單，一行由一個字母開始，並且在那一行裡「隱藏」幾個不同的字母，讓學生找到的時候告訴老師。

以這個課程的各方面來說，老師需要持續創造更多的活動和遊戲，以幫助學生增進辨認字母的正確性。

評估聲韻覺識

讀寫能力課程的另一項重要組成因素是聲韻覺識的評估。聲韻覺識爲「聆聽及使用口語中聲音的能力，並且了解口語和音節是由連貫的語音所組成」（Yopp, 1992）。但有些人可能會認爲，必須在上述的步驟之前就開始進行聲韻覺識的評估和教學，但這樣反而是不正確的，因爲這些學生並非一般的學生，需要不同的方式，聲韻覺識評估和教學的步驟必須根據對學生來說有意義的關鍵單字來進行。對這

類型的學生來說，世界是令人困惑的。教師在教學時越能整合對學生有意義的事物，學生越有可能在學習閱讀上獲得成效。研究指出，確實使用閱讀素材增加與閱讀的接觸，可以提升聲韻覺識（Moustafa, 1995）。

下列的聲韻覺識技能範圍，對缺乏聲韻覺識技能的學生來說，部分或全部可能是有困難的：將讀音相似的單字以及聲音不相似的單字分類（例如：rat、rug、sun）；將音節混合或拆成音首或音韻（例如：開頭的子音和尾音），以及將讀音混合成單字（/s/-/u/-/n/）；將一個字分成個別的連續音，或者音素〔例如：ship（船）這個單字是由/sh/、/i/、/p/三個音素所組成〕；或者判斷並使用單字裡的讀音〔例如：將run（跑）這個單字裡的r改成s變成sun（太陽）〕（Kame'enui et al., 1997）。

有兩樣工具可以協助評量聲韻覺識的開始。第一項是早期基礎讀寫技能動態指標（Dynamic Indicators of Basic Early Literacy Skills, DIBELS），或稱為「聲韻覺識評量」（2002）。這項評量的缺點為其大量使用圖片作為評量的根據。對視覺障礙的學生來說，可以使用物品來進行評量。舉例來說，可以用爸爸的圖片來代表真正的爸爸。需要時間來蒐集各種評量所需的物品，並且要確認物品對學生是有意義的。如果學生不知道物品的名字，這項評量就無法為學生的聲韻覺識能力提供有用的圖片。

另一項工具是德州初級閱讀評鑑（2003）。這項工具不需大量使用圖片，因此更適合視覺障礙的學生。

在失去視力前已能流暢閱讀的學生，已經熟悉各方面的聲韻覺識，包括判別韻腳、數音節、配對首音、數音素、比較單字的長度，以及用字母表示音素。協助成人個案的復健師，以及青少年視障學生的老師，應該要了解學生在失去視力前，可以獨力完成哪些閱讀

活動。這些資訊會幫助老師判斷是否要利用測試來了解學生的聲韻覺識。然而，年紀較小的孩子必須要接受聲韻覺識的評量，而以英文作爲第二外語的學生，對英文的音素還不熟悉，也需要接受聲韻覺識評量。

　　確認學生的聲韻覺識程度後，便可將接下來所建議的聲韻覺識及自然發音教學活動，帶入目前使用的功能性方式中。

聲韻覺識教學

　　自然發音是聲音和代表聲音之符號間的關係。閱讀者要能夠把符號轉換成聲音；書寫者必須要能把聲音轉換成符號。自然發音的教學通常會說明這兩者的轉換，且常會加入拼字的教學，使之成爲課程的一部分。研究發現，聲韻覺識教學和自然發音教學並用，更爲有效——學生可利用書寫符號檢視當音位互換時，特別是在文章裡使用單字的時候，聲音是如何改變的（Moustafa, 1995）。舉例來說，改變p-d中間的母音，由pad改爲ped、pod、pud，再改爲pid，看看單字的讀音有何變化。

　　一些研究建議，相較於沒有系統的教學或不教導自然發音，有系統且詳細的自然發音教學是較有效的（Alder, 2001）。但是，更大的問題不在於是否應該教導自然發音，而是應該用學習單和練習這種傳統的方式來教，或是用更有意義的文章來進行教學（F.M. D'Andrea, personal communication, June 6, 2003）。此外，大部分有關閱讀技能的研究對象僅包括明眼的學生。和大部分的點字閱讀者不同，這些

研究的對象在接觸閱讀媒材的單字和符號時不會受到限制，對這些一般的學生來說，閱讀活動本身無疑是具有意義的。相較之下，許多使用功能性點字讀寫方法的學生，接觸點字文章的機會是有限的。因此，使用有意義的文章為這些學生提供詳細的自然發音教學，更是特別重要。為了達到這個目標，關鍵單字詞彙再次扮演了重要的角色。這些單字是符號的基礎，可以使用在詳細的自然發音教學，且當學會的關鍵單字越來越多，也會有更多機會用組成這些單字的自然發音單位提供自然發音教學。在Vellutin和Scanlon（1987）有關印刷閱讀的研究中，可以找到支持這個方法的論點。

　　有許多方法可使用關鍵單字詞彙來教導尚未學會閱讀印刷字的學生。以下提供一些有關如何將有意義的字彙融入自然發音教學的建議：

1. 利用關鍵單字的字首子音，建立由相同符號或讀音組成的單字書。舉例來說，如果學生的關鍵單字是bad（壞），就可以介紹其他相同字母為首的單字，例如：book（書）、balloon（氣球）、backpack（背包）、banana（香蕉）、bee（蜜蜂）、bow（弓）等等。老師可以在書的每一頁上各製作一個單字，並試著找到這些物品的縮小版，用某些方式將實體黏附在書頁上。氣球是個很好的例子，因為氣球（沒有破掉的）或者是一袋氣球很容易能附在書頁上。balloon（氣球）和bag of balloon（一袋氣球）等單字應用點字標示其所黏貼的書頁上。book（書）這個單字，老師可以黏貼一本小書，通常在書店裡可以找到這種縮小版的書（老師甚至可以在這本小書上面也放上一些點字）。學生會想將單字書帶在身上往返家裡和學校，並且唸給其他人聽，因此，老師所製作的單字書應用堅固的材料製成。對年紀大一點的學生來說，如

果讓他們覺得製作單字書是為了分享給年幼學生的，這項活動也會變得比較適合他們的年紀。這項製作單字書的活動，對於學生了解閱讀和自然發音是很重要的，並且也是開啟更廣闊讀寫經驗的轉折點。和小朋友一起製作單字書，而非幫小朋友製作，能幫助學生建立起如何製作一本書的重要概念（A. Swenson, May 5, 2003）。

2. 檢視關鍵單字的形式，並提出有相同形式的單字。這一般指的是「音首／音韻」，如之前所提到的，字首子音是音首，而單字的結束是音韻。音首／音韻的教學被證實是介紹自然發音技能的有效方法（Moustafa, 1995）。舉例來說，如果關鍵單字是bad（壞），其他可以介紹的單字為dad（爸爸）、mad（生氣）、sad（難過）、pad（筆記本）、glad（高興）等等。老師可以為這些單字製作單字卡，當學生會唸這些字的時候就可放進單字盒裡。讓學生練習寫這些單字（參見步驟8），並將這些單字用在故事中（參見步驟10）。

3. 檢視關鍵單字的子音混合音。例如：關鍵單字是Brittany（朋友的名字），其他的單字為：bring（帶來）、bread（麵包）、brown（咖啡色）。

4. 檢視關鍵單字的母音形式。例如：關鍵單字是beat（拍打），其他單字為：heat（熱）、neat（整齊）、seat（座位）、treat（招待）、meat（肉）、eat（吃）。

5. 檢視關鍵單字，看是否有任何其他的形式可以找到相似形式的單字。

市面上有很多相關書籍可以提供老師帶有混合音、複合音以及母音形式的單字。米勒（Miller, 2001）的書《閱讀老師工作守則》

（*The Reading Teacher's Survival Kit*）是一個很好的資源。有些初級拼字書也適用於此。選擇其他字的時候，老師應判斷這個字對學生來說是否有意義；如果沒有，老師就必須開發其他的方式讓這個字變得有意義。舉例來說，feat（功績）這個單字和上述例子中的beat（拍打）有一樣的母音形式，但重要的是需判斷學生是否聽過有人使用過這個單字，如果沒有，則要提供使用的範例給學生。此外，介紹像feat這樣的單字時，可以根據這個字開始討論同音異義的字，並且介紹feet這個單字，其對學生來說應是具有意義的。這些單字的觸感不同，特別是feat這個單字裡面ea所使用的符號。然而，老師需了解學生是否準備好學習同音異義字，還是這項新的資訊會讓學生更感到困惑。

　　依照這樣的方式使用關鍵單字，使其成為建立字彙的基礎材料，介紹更多有意義且學生能夠閱讀的字彙單字。同時，關鍵單字也讓學生增加有關聲韻覺識及自然發音技能的知識。

步驟8

發展寫作技能之技術與程序

　　到目前為止所敘述的讀寫能力活動都與閱讀有關。介紹這些活動的同時，學生也應發展寫作技能。一開始，老師和學生主要注重在寫作的技術，而非創造的過程。有關技術的課程單元，也會將學生已經學習過的字母及單字融合在教學中。

　　當學生開始辨認個別的字母時，老師可以示範如何使用柏金斯點字機來打出點字。這個時候，也可以為學生介紹點字板及點字筆。但

剛開始的時候，較建議使用點字機，因為點字機可以立即向學生顯示所寫的內容，也能建立閱讀和寫作間必要的認知連結。根據學生的能力，寫作可用許多不同的方式與閱讀結合。要謹記在心的是，對這些學生來說，寫作教學必須以學過的關鍵單字及讀音為出發點。

點字打字機教學

為了能夠獨立使用柏金斯點字機，學生必須要能找出紙張的位置；將點字機放在工作檯面上，把紙放進點字機，將其捲入點字打字機中，固定紙張，並將滑動架移回一行的開端以開始寫作。學生需要使用換行鍵來從這一行移動到下一行。根據學生的能力，老師可以利用倒向連鎖引導這項任務，其包括從任務的最後一個步驟開始，先教最後的步驟，如此一來，學生可以立刻成功完成任務。當學生學會最後一個步驟之後，再教倒數第二個步驟，依此類推，直到學生學會完整的任務。舉例來說，要教導如何把紙放進點字機，老師可以讓學生從紙張已經放進點字機開始，並且在真的開始寫字之前，讓學生學著去按換行鍵。老師可以利用圖4所示的清單，記錄學生所學會之不同的寫作技術層面。

老師可以使用各種不同的放大點字細胞來介紹字母在柏金斯點字機上的組成。美國盲人出版屋所提供的擺動細胞，外型像一個大的點字細胞，有六個可以放進釘子的洞，代表點字細胞的點。這個放大的細胞兩側可以用鍊子串起，並且可以打開。闔起來的時候，由釘子所形成的點就會像用點字所做出來的字母。打開的時候，點字細胞會對應到柏金斯點字機的按鍵。利用這個裝置，老師可以幫助學生把對的釘子放進擺動細胞，以代表特定的點字字母。而後老師可以協助學生將適當的手指放在擺動細胞的點上，學習在點字機上寫字的正確手指位置。學生隨後可將手指轉換到正確的柏金斯點字機按鍵上。從這些

用點字打字機的方法
技能的評估和順序

記錄的程序：I＝介紹技能

A＝運用協助完成技能

M＝運用精通掌握完成技能

技能	I	A	M
1. 辨認和使用點字打字機以下的部分 　壓花條 　字距鍵 　倒退鍵 　紙張釋放槓桿 　進紙旋鈕 　壓花頭槓桿 　行間距鍵 　支撐桿 　送料機 　左停紙開關 　警戒鈴；警告鈴 　把手 　蓋子 　邊界停機指示器 2. 操作點字打字機： 　把點字打字機正確地安置在工作介面上。 　將壓花頭移至正確的位置上。 　自行將進紙旋鈕轉開。 　一直朝自己拉開紙張釋放槓桿。 　用一隻手靠著紙托架握住紙張，然後用另一隻手關閉釋紙。 　將紙捲進點字打字機，直到左停紙開關停止。 　按下行間距鍵，卡住紙張位置。 　將紙張從點字打字機移開。 　當沒有使用時，將點字打字機放在正確的位置（盡可能將壓花頭 　往右移越遠越好，將紙張釋放槓桿打開，並且蓋上機器）。			

圖4　記錄學生在學習使用點字打字機的進步的樣本表

資料來源：Adapted from Rosemary Swallow, Sally S. Mangold, and Philip Mangold, Eds., *Informal Assessment of Elopmental Skills for Visually Handicapped Students* (New York: American Foundation for the Blind, 1978).

將釘子放入特定的洞後，擺動細胞即會呈現特定的字母（圖以「t」為例）。

經驗中，學生會發現使用柏金斯點字機打字母的時候，需要用到哪些手指。此外，擺動細胞的使用也會強調學生正在閱讀的字母中點的組成形式。

　　使用放大點字細胞模擬時，必須小心避免對其過分依賴。當使用者用放大教材學習時，他們在閱讀的就不是一般的點字。雖然一開始使用放大格式來教導點字組成較為容易，但放大細胞不應被拿來做閱讀之用，除非學生具有嚴重的觸覺辨識障礙，無法使用一般書面的點字。事實上，Pester、Petrosko和Poppe（1994）發現，相較於使用放大點字，使用標準點字辨別物體已證實是較快速的。學生必須學習閱讀一般書面的點字。

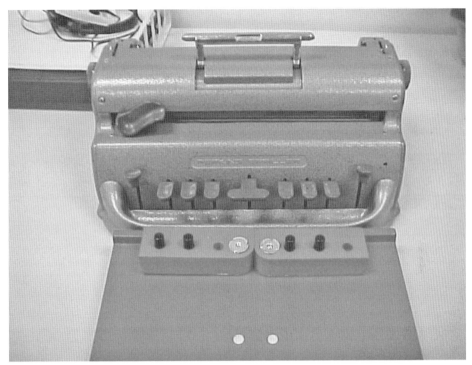

擺動細胞從直排打開爲橫排，呈現柏金斯點字機的排序。學生現在可以知道手指在點字機上的擺放位置（圖以「t」爲例）。

點字板及點字筆教學

　　對學習使用點字板及點字筆的學生來說，老師可以用數字或位置來爲細胞裡面點的位置命名。點的號碼代表點在細胞裡的位置。第一欄有三個點，由上而下分別編號爲1到3。第二欄有三個點，由上而下分別編號爲4到6。學會字母中點的號碼以在點字打字機上寫作之後，點字板上字母的組成形式也可以相同的方式命名。藉由利用編號位置，或是點在細胞裡的空間位置作爲代稱，老師不需要求學生改變在點字打字機所學到的方式，才能在點字板上書寫。學生只要改變

書寫的方向。在點字打字機上是由左寫到右，在點字板上是由右寫到左。點字打字機的第一欄位於左側，點字板的第一欄位於右側。除此之外，點的位置都是一樣的。

因此，當學生打出點字字母t，使用了點2-3-4-5。點2-3在細胞的第一欄，而點4-5在細胞的第二欄。在點字板上，也是按壓相同的點，但點2-3在右邊的第一欄，而點4-5在第二欄。若學生用在細胞內的位置稱呼點，他們說的可能是在第一欄上方位置的一個點，或是第二欄中間位置的點，或者是下方位置的點。

∴ 相當於點字筆的t

∴ 相當於點字板的t

除了使用已經學過的個別字母，老師還需要創造柏金斯點字機的指法活動，以發展學生手指的力量和敏捷度。需要特別為手指較弱的學生設計力量建立的遊戲。舉例來說，藉著依序按壓點1、2、3、4、5、6，創造一股點字的波浪（Simons, 1997），就是一個用來教導手指分別使用很好的遊戲。學生也可以同時按許多按鍵，製作追蹤的模式來使用（完整細胞、上方點、中間點、下方點等等），並且可製作用於字母辨識的追蹤清單。這樣能加深對學過字母的印象，也讓學生創造自己的「閱讀材料」。用來追蹤的點字行，每一行一開始可由一樣東西組成，例如一整行完整的細胞（以空格分開），或是例如一整行的點1和點4，或點2和點5，或者點3和點6。學生在剛開始的時候應讓頁面上的每一行之間間隔兩行或三行的間距。

介紹字母寫作時，老師也應讓學生在寫的時候說出字母的讀音，藉以強調。老師可以要求學生說出以特定讀音開頭的單字，如步驟7所描述的活動。運用第一個關鍵單字，教導學生寫出該單字裡的所有字母。根據單字長度的不同，會有一組可以寫的字母，而學生在追蹤活動中可以同時唸出這些字母。學生對創造追蹤活動的投入，可以使這項練習變得加倍有趣（有功能性）。

年紀較大的孩子或成人會很樂意接受這個步驟，因為相較於發展閱讀點字所需的觸覺感知，學習使用書寫工具較為容易，也帶給他們身為學生較能立即看到的成就，並可促使他們繼續學習發展觸覺感知技能。同時，如同先前所述，將寫作與閱讀結合有助觸覺感知的發展。

步驟9

創作閱讀與寫作的功能性運用

不同的音標課程裡的關鍵單字和新單字，在介紹、學習並存放在單字盒裡的時候，都會不斷地為學生重複前面所討論的步驟。老師會希望為學生介紹功能性單字，即便學生本身沒有提議要學習這些字。舉例來說，可用點字標示每日或每週的活動課程表，並且可將課程表上的單字和學生的閱讀和寫作字彙結合。每天固定閱讀課程表就是一

學生行程的一小部分，以印刷字、點字及圖片符號呈現。閱讀行程計畫是一個有功能性且可以增廣字彙的識字活動。

項功能讀寫能力活動，對所有類型的學生來說都是有目的的。這些單字可以包含學習新的字母和音標形式，也因此可幫助建立學生個人認得的單字詞彙。

　　如之前所述，為環境裡的物品製作標籤，對學生來說是另一項使閱讀有功能性的方法。除了閱讀標籤之外，一旦學生能夠寫出單字裡的字母，也可以讓他們製作標籤。標籤可以延伸到許多方面，不只是把物品標上使用者的名字而已。衣服類的物品可用其顏色做標籤，微波爐的設定也可以用同樣的方式（例如：微波爆米花或是解凍冷凍食物）。學生也可以為調味料、常用工具、卡帶或CD，以及學生希望

能辨認的任何東西做標籤。

　　閱讀簡單的食譜並用來製作點心或是簡餐，是另一項拓展功能性閱讀和寫作字彙的方法。可為食譜列出購物清單，而且可以從學生喜歡的食物著手，加入更多新的單字。老師必須隨時注意有關點字閱讀和寫作更有功能性的用法，以拓展學生的讀寫能力基礎。

　　成人學生在使用本方法的這個步驟時有非常正面的反應，以真正具有功能性的方式使用點字，能幫助他們找回一些因為視力受損而失去的自主能力。

創作故事

　　在拓展點字功能性使用的同時，學生已經習得足夠的單字詞彙，能用來創作故事。創作的故事也能進一步拓展學生的閱讀及寫作字彙。最初的故事對不論幾歲的學生來說，都應該要覺得有意義且有趣。下列是幫助學生發展最初故事的一些原則：

1. 在故事中，利用重複的句子來促進閱讀。關鍵片語或是一個單字都可以重複。下面的故事可以作為例子：

　　　　吉姆與漢娜
　　　　吉姆與漢娜吃早餐
　　　　吉姆與漢娜吃點心
　　　　吉姆與漢娜吃午餐
　　　　吉姆與漢娜吃了另一次點心
　　　　吉姆與漢娜吃晚餐

　　　吉姆與漢娜吃飽了！

2. 重複故事裡的新單字以增進使用這些單字的流暢性。下列的例子中，學生剛學會「筆管麵」（rigatoni）這個單字，那是他最喜歡的食物。

　　　<u>我們都吃了筆管麵</u>

　　　吉姆吃了筆管麵

　　　瑪莉亞吃了筆管麵

　　　山姆吃了筆管麵

　　　畢老師吃了筆管麵

　　　湯尼吃了筆管麵

　　　我們都吃了筆管麵

　　　而且，天哪，我們都很喜歡！

3. 一開始用簡短的句子，然後再漸漸把句子加長。

4. 剛開始的故事用三行間距，當讀者更熟練之後可減少至兩行間距。

5. 將為學生創作的故事或者學生自己創作的故事保存在筆記本裡，讓他們可以依照自己的喜好裝飾。

6. 讓學生試著模仿蘇斯博士故事書裡的故事，創作自己的故事。這些故事用了許多押韻的單字和重複的形式。根據學生學過的自然發音活動類型，這些書也很適合讓學生使用。

　　閱讀和重複閱讀熟悉的故事，可幫助促進閱讀流暢度的發展。閱讀可以協助發展有效的追蹤技能，改掉摩擦的習慣，並且促進自動辨識單字的能力。此外，流暢度和閱讀理解能力也有高度相關（A. Swenson, May 5, 2003）。

　　已經學會閱讀的成人可以閱讀自己最熟悉的故事，這樣可以幫

助他們習慣閱讀點字的感覺。復健師可以詢問使用者是否記得小時候閱讀過哪些故事或是兒歌。閱讀這些熟悉的故事，例如：〈矮胖子〉或是〈小瑪菲特小姐〉，都可以是介紹縮短式單字和簡短形式單字的方式，讓學生能預測及預想，以讓他們在閱讀上獲得成功的經驗。或者，學生會希望創作句子來練習使用一些他們喜愛的關鍵單字。可以將這些單字以點字寫在卡片上，以便使用磁卡讀卡機，這樣一來，學生便可以檢查正確性。復健師將故事閱讀融入教學的方式，多半會依照成人學生的期望。復健師需經過試探以找出適合每個個案的閱讀素材。

步驟11

記錄撰寫及診斷式教學

　　功能性方式是一種個人化且個性化的方式。因此，最重要的是老師要持續正確且詳細地記錄學生所學會的項目。老師必須不斷地了解學生遇到什麼樣的問題，並且發展方法或教材，當問題或障礙浮現時，幫助學生克服。這稱之為診斷式教學，是一種持續進行的評估，以及對學生問題的補救，在功能性方式中是重要的一環。老師不能等到正式的閱讀評量後才發現學生特定的弱點或遇到的困難，而必須在困難發生時就提出並補救，同時繼續教學進度。

　　由老師一開始的評估所產生的關鍵單字詞彙清單要隨時都能取得。因為對學生有意義和有功能性的單字是教學的基礎，老師在設計教學時，會常常回顧這張清單。當學生開始能閱讀關鍵單字後，這些單字必須寫在學生的紀錄中。準備一張單字盒所有的關鍵單字清單作

為參考，可幫助老師發展往後閱讀和寫作的學習活動。圖5為可以用來記錄學生關鍵單字的表格範例。

關鍵單字詞彙

單字	首次學習單字的日期	練習單字的日期	精熟單字的日期

圖5　記錄單字詞彙的表格範例

　　老師只用診斷式教學來補救學生的問題是不夠的。老師也需要記錄學生在辨認單字或字母時所遇到之特定類型的問題，並且記錄設計用來補救這些問題的活動，以及補救的結果。特別成功的追蹤活動範例應記錄在學生的檔案裡，作為日後的參考。當學生繼續學習新的字母或單字時，需要重複進行這些活動。有些單字一開始對學生來說

可能太困難，老師可以先把這些字放在旁邊（例如放在檔案夾的袋子裡），等到學生有較多觸覺閱讀經驗時再試一次。

其他能有效用來追蹤的物品包括：

- 學生學習辨認和書寫的字母。
- 學習辨認和書寫的縮寫。
- 學生已經會唸的音標形式。
- 學生特別喜歡的活動（這些活動可以是逃離較困難課程的動機）。
- 學生之前寫過而且最喜歡的故事。

做記錄能幫助未來的教學設計，並且能協助判斷何時要改用較為傳統的方式來教導學生學習閱讀和寫作，以及要如何進行。

步驟12

改用較為傳統之學術方式教學的時機

因為功能性點字讀寫方式僅圍繞在學生經驗中的單字，所以有一些固有的限制，這些限制和語言經驗方式的限制類似。然而，有些功能性方式的元素是可以適用於任何閱讀課程的。有些時候，如果學生在學習閱讀和寫作的過程中有良好的進步，老師會希望他們改用較為傳統的學術方式，或修正過的學術方式來學習閱讀和寫作。很多時候，老師希望學生可以開始使用基礎閱讀系列的教材，例如特別為點字讀者開發的Patterns系列（Caton, Pester, & Bradley, 1980），或者其他可購得的閱讀系列。但已經在使用符合自己興趣方式的學生，對

依照較傳統之基礎讀者教材的方式可能不會那麼有興趣。

　　對明眼的入門讀者來說，市面上有許多簡單又有趣的書。這些書是有分級的（換句話說，這些書是爲不同閱讀程度所設計的），且大多不用圖片就可以閱讀。可以藉由爲內文製作清楚的點字標籤並將其貼在書頁上，這些書就能變得適合點字讀者使用。當學生轉而使用較爲傳統的方式，如果能選擇這類圖書，並且能符合學生學習的需求和興趣，就能維持學生的興趣。一般的導師通常不會介意視障學生的導師借用這類圖書，並且將其改爲適用的版本。

　　特別是成人學生，可能會想開始閱讀有關自己感興趣主題的故事和文學作品。或者年紀大一點的讀者，可能已經準備好開始閱讀爲年齡稍長的學生所設計的系列教材，例如*"Braille Too"*（Hepker & Co-quillette, 1995）或*"he Braille Connection"*（Caton, Gordon, Pesler, Roderick, & Modaressi, 1997）。

　　一般而言，要用學生的長處和已經學習過的東西當作引導，開始使用其他類型的方式。舉例來說，幾乎所有字母都已經認識的學生有能力辨認字母，並且也具備一些基礎字彙，就可能已經準備好開始使用不同的方式。要判斷是否開始使用基礎讀者教材、明確以音標爲基礎的方式，或者以文學爲基礎的方式，老師需要考慮學生之前喜歡什麼，以作爲判斷的原則。老師也會希望能利用學生有高度興趣但是字彙少的閱讀教材來持續發展閱讀技巧，並且先教導要閱讀的故事中所出現的縮短字。老師可繼續用功能性方式發展字彙。事實上，在較傳統的方式裡，即使學生遇到或學到任何東西都能閱讀，功能性方式仍是必須的，如此才能確保閱讀的教材適合學生的年齡，並且和學生正在從事的事情有關。

　　爲了判定要讓學生改用何種類型的方式，對老師來說很重要的一件事，就是要對各種指導閱讀寫作的方式有所了解。有些縮寫點字的

課程材料是為一貫教學所設計，了解這些材料是很重要的。

結語

　　點字讀寫課程能促進各種不同讀寫障礙的學習者對於讀寫產生樂趣的發展。老師們不應該期待奇蹟會突然發生，而是應該不斷且不停地和學生們一起努力，並確保他們展現出最棒的能力。學生的進步必須被精準完整的記錄下來。高度個別化的學習過程會持續數年。學生將來的老師將可以領略精準徹底的紀錄，可以讓老師們持續建立這類型的學習，這對學生是有利的。

　　在第二部分，一系列已被討論過的學習步驟被不同的學習者運用。這些例子會依據不同的特殊需求學習者呈現出點字讀寫課程。

與不同類型的學習者使用功能性點字讀寫方式

雖然利用功能性點字讀寫方式教導閱讀和寫作的步驟，對學生來說大致上是一樣的，但必須針對學生不同的需求進行修正，使學生能從課程中獲益，並且發揮他們最大的潛能學會讀寫能力。第二部分描述來自不同團體較難適應傳統教學方式的學習者，受惠於功能性點字讀寫方式：有其他障礙的視障孩子，含不同程度的認知障礙、肢體障礙和聾盲，包括可能學過閱讀印刷字的孩子或成人，以及正在適應非先天性失明或英文為第二外語的學習者。這些個案研究提供了示範的方式，使教師能針對不同類型的學生運用功能性點字讀寫方式，並融合每個人的特殊需求。

輕度至一般認知障礙學習者

貝安娜

貝安娜今年19歲，使用一年級和二年級程度的閱讀教材。她視力全盲（僅有對光的感知），和其他一樣年紀的視障學生一起學習生活技能課程，其他學生也有輕度至一般程度的認知障礙。她有著討人喜歡的個性，總是熱切地想表現自己可以做到的事。她喜歡在教會唱詩班和學校合唱團裡唱歌。

貝安娜15歲時可以書寫字母表中的前十個字母，但無法連貫地讀出來。利用非正式的閱讀量表測量貝安娜的聽力理解能力，結果顯示她的程度在學前至初學階段。貝安娜在理解閱讀教材時有許多障礙。老師開始使用功能性方式，教導她和同學學習點字。貝安娜和她的同學創作有關自己的故事，並把她們寫的故事放到自己裝飾的故事書裡。大家一起閱讀這些故事總是帶來極大的享受及歡笑。

貝安娜一直是個聽話的學生，老師要求的事情她都會去做。但開始使

用功能性方式之後，貝安娜變得對於閱讀更加投入，也更感興趣。貝安娜用單字盒挑選她的閱讀單字，而且喜歡用語音讀卡機（talking card reader）確認自己的閱讀。她的老師開始對貝安娜使用觸覺感知的蒙格發展課程，以及點字辨認。她對字母辨認有了進步，也開始能夠辨別自己單字盒裡的單字。因為貝安娜的經驗有限，所以她需要在字彙方面更加努力。老師把貝安娜喜歡也記得的歌轉成點字，讓她可以練習閱讀。她練習閱讀初級程度的故事，然後唸給幼稚園的小朋友聽。這為她帶來非常大的動力，因為她喜歡和小朋友相處，小朋友也喜歡貝安娜唸故事給他們聽。

當蒙格課程完成後，老師開始讓貝安娜接觸更加學術的方式。此時，貝安娜已經能夠連貫地辨認所有字母，而且她的單字盒裡有超過100個單字。此外，她不用提示就可以唸出班級所創作的故事，且辨別單字的同時顯然也能記住故事的內容。老師也使用Dolch單字表（也稱為瞬識字，是不同年齡族群的常用單字）教導貝安娜，特別是名詞和動詞，因為這有助於發展字彙和閱讀的練習。她們常在語音讀卡機上用這些字來造句，然後貝安娜會獨立地唸出來，並且用讀卡機再確認一遍。

目前貝安娜19歲，能夠閱讀二極點字（contracted braille），並且知道幾乎所有的省略和簡寫字。她的閱讀理解能力仍停留在小學程度，但她已經能夠自己列出日用品採購清單、閱讀菜單、寫信給朋友，而且在學習方面更能融入。她使用有語音功能的視障用文字處理器（braille notetaker）來記錄檔案，包括她的歌曲和食譜。她也開始利用文字處理器把自己的故事寫下來。雖然在貝安娜達到畢業限制年齡21歲前，我們還不清楚她能學會多少學術讀寫課程，然而她的老師認為，功能性方式是讓貝安娜的閱讀能力在過去四年之中，有如此良好進步的原因。

　　功能性點字方式實際上就是爲心智和貝安娜相同的學習者所設計。有輕度至一般認知障礙的學習者，通常能達到一定程度的閱讀能力，並且如果學生表現出和貝安娜相同程度的能力，甚至可以學習進一步的基礎閱讀能力方式。一旦學生認爲閱讀對他們來說是有意義的，便會像貝安娜一樣對閱讀感到興奮，並且開始成長。許多學生的閱讀技能零散，但利用功能性方式，他們可以表現出對部分技能或工作的熟練，最終便能引導他們進入更傳統的讀寫能力課程。使用功能性方式有助於判定學生的障礙爲何，並且在對他們有意義的背景脈絡下處理這些障礙。

　　對所有的學習者來說，充滿點字的環境很重要，對這類型的學生來說也不例外。老師必須重複地使學生在環境中接觸點字的單字，並且告訴他們這個字是什麼意思。例如，老師可能會說：「你的名字在置物櫃的這裡。這裡是潔西的名字。電燈開關上面的這個字表示『開』，這個字表示『關』。」老師不斷地爲明眼但有輕度至一般程度認知障礙的孩子重複這些行爲。爲視障或視力受損的學生提供相同的接觸環境，提升他們的期待，也許有一天這些學生會表現出對閱讀的理解，以及了解這些字母及單字的意義。

　　功能性方法在這類族群的任何年紀都可以開始使用。第一部分所列的步驟僅需稍微修改，或者完全不用修改。藉由提供像貝安娜這樣的學生一種更有意義的方式學習閱讀，是希望他們能夠儘早有更多的進步。然而，老師們可能會發現，這些學生有一段時間持續停留在剛起步的讀寫階段，需要許多更具體的學習活動和體驗來發展語言經驗基礎，這些是其他孩子可能較快達到的。關鍵就是「不放棄這些學生」。如果貝安娜的老師在她早期的教育階段就認定她在點字閱讀方面不會有任何進步，並轉而教她使用純然聽覺模式的溝通，貝安娜就不會有今天的讀寫技能。

　　有輕度至一般程度認知障礙的學生，在表達自己的時候可能會有困難，也可能無法自己挑選主要單字詞彙的單字。在初期評估時，老師需要提示學生如何蒐集單字，並幫助他們了解生活中具有讓他們覺得開心的事物，使他們會希望學習如何閱讀有關這些事物的單字。例如，貝安娜喜歡唱歌，而且能夠記得教會合唱團和學校合唱團的每一首曲子。用點字蒐集她所喜愛歌曲裡的單字，對她來說是件興奮的事。

　　貝安娜的老師把她喜歡的歌曲，以一頁一句的方式編進故事書裡。因為貝安娜已經熟記這些單字，知道每一行的最後哪裡該停頓，她對每一行裡有哪些字就更有概念。她和老師可以討論如何辨別行句裡摸起來不一樣的單字。老師用的是非省略的點字，因為這樣貝安娜就可以感覺到每個單字間的空格，所以她認為這個方式較為合適。

　　當貝安娜開始學習二極點字時，老師可以把她學過的非二極點字形式單字從歌詞中移除，然後告訴貝安娜這些字的二極點字是什麼樣子。她會把單字寫在卡片上，讓貝安娜放進單字盒裡，單字卡的一面是二極點字，另外一面是非二極點字，方便讓貝安娜自我測驗。貝安娜在活動中莫名表現得非常高興，覺得轉換成二極點字很有趣。每次老師告訴她一個可以寫成不一樣形式 —— 較短形式 —— 的單字，貝安娜就會說，「喔！又來了另一個單字！」然後開始大笑。當然，這句話也被放進了單字盒裡！

　　輕度至一般程度認知障礙的孩子，比一般視障或視力受損的孩子更需要有關二極語音覺識能力的活動（concentrated phonemic aware-ness）。他們還不是很適應要如何思索理解周遭環境裡的聲音。為學生進行語音覺識程度測驗，讓老師可以此為開始，引介適合的遊戲和

活動以增進語音覺識能力。在這個方法中，增進這些能力對學生的讀寫非常重要。

這個族群的學生常喜愛寫作更勝於閱讀。學習按點字機的鍵盤對他們來說，似乎比辨認自己產生的字母更為簡單。最要記得的是，寫作必須和閱讀一樣有意義。老師必須幫助學生自己製作其中一些和學習閱讀相同的素材，協助他們了解讀和寫之間的關係。

當學生在創作故事時，老師可能需要提醒他們使用自己的主要單字。學生必須覺得自己所要說的事情很重要，需要寫下來再閱讀，而且要寫在小書裡，可以一讀再讀。

對貝安娜以及所有使用功能性方式的學生來說，最重要的是，當學生開始跟上閱讀進度並準備好進一步接觸更傳統的方式時，老師要能對這個訊號有所警覺。老師應該預期會有這樣的情況發生。要問學生何時可以準備好進入下個階段，而非問他們是否準備好了。一般來說，當學生全部或幾乎大部分的字母都學過了，對聲韻有正確的理解，並且有一個（或兩、三個）單字盒，裡頭充滿了他會唸的單字，就是準備進入學習較正式的閱讀教材的時候了。

這些學生使用的教材必須有趣又能激發學習動機，因為初期接觸較傳統的方式，必須慢慢地進行。老師必須介紹故事裡所有的新單字，解釋新的概念，可能還需要為學生創造經驗以幫助他們建立這些概念。舉例來說，貝安娜班上的女孩們在閱讀一個有關一位年輕女孩想要做指甲的故事。女孩們有許多相關的問題，為了幫助她們回答這些問題，老師帶她們到當地的指甲美容沙龍。每位女孩都做了指甲，而且她們在美甲沙龍的時候，貝安娜的老師強調了「指甲油」、「沙龍」、「角質」、「銼刀」、「拋光銼」和「醋酸鹽」（因為女孩們當時在討論沙龍裡的氣味）。她也和女孩們事先討論了一些小「祕訣」：包括畫在指甲上的圖案，以及做完指甲後要給美甲師多少費

用。回到學校之後，其中一個女孩想知道什麼是法式美甲：她聽到另一個客人要求做這個項目。貝安娜的老師做了一個法式美甲的浮凸線畫（raised-line drawings），讓女孩們去感覺。

這項方法最大的挑戰是：閱讀教材必須為一或二年級程度的，因此可能對學生來說缺乏真實的情感和興趣。老師需要找到學生感興趣的教材，甚至可能需要自己寫故事。華納（1963）在簡介中提到，認為這對她的毛利學生來說是不可或缺的。可以取得的教材內容對她的學生而言太過陌生，無法和自身的經驗連結。

閱讀教材的排版也很重要。如果學生尚未開始閱讀單行間距教材的話，故事便需要以兩行間距點字的方式排版。練習新的單字必須包括不斷地強調適當的追蹤（tracking），以及單字辨認時的正確性。雖然有些學生，例如貝安娜，大致上是順從的，一般的學生通常會認為練習閱讀故事中的單字更加有趣，而不是練習像Dolch單字表一樣毫無關係的單字清單。讓學生保持動機和興趣是必要的！

重度至完全認知障礙學習者

馬　修

馬修今年9歲，全盲。他的語言表達非常有限，但已經開始對教室裡的活動有反應；所謂的教室是指為馬修和跟他一樣有嚴重認知障礙的學生所設置的資源班。直到最近，他只有在老師提示的時候才開始活動。他有個由不同物品所組成的日曆，每樣東西都代表了學校裡不同的活動，並且他開始隨著老師的鼓勵使用這個日曆。在說故事活動時，他表現出在聽的樣子，而且喜歡老師在唸故事的時候融入的具體動手做活動。最近老師唸

了一個有關青蛙的故事給班上同學聽，而且帶了一隻青蛙到教室來給大家看。她放了青蛙叫聲的錄音帶。她讓馬修把青蛙捧在手上，並告訴他青蛙的家在教室裡的哪個位置。馬修完全著迷了！他已經學會如何自己走到青蛙的家，而且常常把耳朵貼在青蛙住的玻璃缸上。

一開始，馬修的資源教室老師Gomez小姐認為馬修不適合任何讀寫課程。她也擔心要如何試著和馬修一起嘗試讀寫課程，因為她不會點字。但是，馬修的視覺障礙課程老師為他創造了一個有豐富點字的環境，並幫助Gomez小姐適應讓馬修在他的環境中接觸點字。她還給了Gomez小姐點字標籤和膠帶，並示範如何使用這些東西來標示馬修感興趣的其他物品。

Gomez小姐現在認為馬修已經開始認得置物櫃和他的東西上自己的名字。他停下來用手感覺貼在教室外面清單上的點字名字，老師也認為他現在能意識到這些字是單字或是名字。因為馬修很喜歡青蛙，老師決定幫他把青蛙這個單字放在單字卡上，然後把馬修的名字放到另一張單字卡上。她也在青蛙的家貼了一張標籤寫著青蛙，並給馬修看那張標籤，告訴他上面寫的字是青蛙。當她告訴馬修哪張卡片上寫著馬修、哪張卡片上寫著青蛙的時候，她也讓馬修仔細查看這些卡片。在馬修仔細看了一會兒之後，她指示馬修如果選出寫著青蛙的卡片，他就可以去看青蛙。馬修馬上挑出青蛙卡片，並帶著它去青蛙的家。

這些經驗證實了老師的想法，功能性方式學習點字讀寫的時間更集中的話，馬修越能有進步。她計畫增加和馬修一起的時間以實施這個方式，也幫助資源教室的老師了解這個方式。

重度至完全認知障礙學生的老師，通常不太期望學生能學會讀寫技巧，對於嚴重失去視力必須學習點字的學生尤其如此。有趣的是，比較老師對「重度障礙且一般視力的學生」和「重度障礙但失明

的學生」兩者的期待，嚴重認知障礙但視力正常的孩子，老師會為他們指出環境中的標示和單字。老師們會指出體育館門上所標示的「體育館」這個字，也會指出教室門上老師的名字，以及置物櫃和個人物品上學生的名字。他們也會指出布告欄上及其他地方學生的名字。他們會指出廁所、樓梯、逃生標示、麥當勞金色拱型等符號，也會指出其他學生可能會用到的標誌。老師們可能不期望學生記住這些單字或名字，但他們會不斷地指出這些名字，觀察並希望發現一些學生把握住讀寫能力的線索。失明或是嚴重視力受損而需要學習點字課程的學生，必須同樣努力地提供他們一個充滿點字的環境，並且為他們指出以點字呈現的單字和名字。同時，老師需抱持著相同的期許：有天學生能夠把握讀寫能力，且當他們有這個能力時，老師也必須要能帶領他們更進一步。

對於像馬修一樣的學生來說，功能性點字讀寫方式中的一些步驟可能需要調整。馬修的表達性語言非常少，因此選擇個人化的閱讀和寫作字彙對他而言，會比貝安娜來得困難一點。以這樣的情況來說，訪問家庭成員、照顧者和其他了解馬修的人，是很重要的。

為馬修建立主要字彙可能也有助於發展他的表達性語言。一開始他會專注在少數幾個字，或許能學會說這些字或用手勢表示，或者兩者都能做到。有時候，表達性語言較少的學生很被動，很難找到可激勵他們的事物。從馬修和班級青蛙的相處看來，可以清楚地發現他的興趣，且他也能夠表現出對喜歡事物的興趣。這對設計課程的老師來說很有幫助，因為這樣一來，要找到能夠激勵他的活動和單字就變得比較簡單了。

對於像馬修一樣的學生來說，溝通是讀寫能力的關鍵。老師、家人以及早期介入的專家，通常會利用象徵物系統來建立溝通模式，例如使用物品所組成的日曆盒或是日常作息表。一開始，老師先幫助孩

子將活動與對他（她）有意義的特定物品建立關聯。舉例來說，如果孩子喜歡盪鞦韆，一小段類似盪鞦韆時會握住的鍊子，可以用來表示到操場盪鞦韆的活動。重要的是，要使用和孩子真正有互動的物品，而不是模型或是個物體的視覺表徵。日曆盒是一個使用這些象徵物的方式，用象徵物表示一天裡的特定時間點所要做的事。可以選擇湯匙代表日曆盒裡「午餐時間」的象徵物，而當天另一項熟悉的物品可以表示日常作息表裡的活動。幫助孩子將活動和象徵物配對是溝通的前奏，並且是語言學習的後盾。一旦學會了代表活動的象徵物，這個象徵物就能和更抽象的觸覺象徵物配在一起。需要定義使用象徵物的語言模式。如果孩子不能說話但是聽得見，老師可以將口語詞和活動及象徵物配對。若孩子聽不見，即可不使用口語詞而改使用手語。

　　如果孩子能夠了解單字和觸覺象徵物的配對，他（她）或許能夠開始學習更抽象的表示：點字或是單字。點字字母可以和單字、活動、日曆盒上的觸覺象徵物和其他象徵物系統結合。象徵物上一開始有點字無妨，但當孩子與象徵物互動時，點字不會是他們的第一選擇。反之，老師可以決定先著重在以物品／象徵物來代表單字和活動，當孩子在環境中開始接觸更多點字後，就可以加上單字的點字或字母。孩子會逐漸了解點字有代表物品的意義（例如，青蛙的點字代表著教室玻璃缸裡真實的動物）。接著，老師可以開始減少物品的使用（也就是說，減少依賴物品作為活動的象徵物），並增加接觸點字的機會，作為導入象徵表達語言概念的方式。當把對孩子有意義的物品及活動用點字做成標籤時，他（她）將學會物品是有名字的，而那特定的點字單字即代表了這個物品或活動。

　　對馬修來說，參與裝飾自己的單字盒並把單字放進去，是重要的一步。因為現在他表現出了解單字是什麼，他會希望把青蛙這個字第一個放進他的單字盒裡。老師很有可能會建議馬修下一個要放進去的

單字，不用說，當然是和「無名氏先生」一起放的。記住，沒有強硬和迅速的規定來規範什麼時候要介紹哪個單字。老師在引導孩子時，應該要敏銳地察覺到哪個單字應該在這個時候介紹給孩子們。有了這些字，老師就可以開始協助馬修進行如第一部分所建議的辨別遊戲。

老師也可以從馬修的關鍵字清單尋找是否有其他以f或m開頭的單字，並開始將這些單字以有意義的方式介紹給馬修。例如，馬修的關鍵字其中一個字是Mom（媽媽），這是馬修叫他媽媽的方式。老師可以和馬修聊聊有關媽媽的事情，確認他能夠將這些事情與單字本身找到關聯，然後介紹這個單字，並把它包括在遊戲單字中。既然這個單字是m開頭的字，和Matthew（馬修）一樣，他必須要用第一個字母以外的線索來分辨這兩個單字。Mom是一個短單字、而Matthew是長單字，尤其因為馬修的老師此時選擇非省略的點字，所以長度可以作為判斷的因素。

馬修沒有肢體障礙，對他學習良好的觸覺感知及字母辨識技能不會構成阻礙，因此這些課程可以排入他的課表，和貝安娜這類型的學生一起學習。為馬修所設計的追蹤練習（如本書第一部分所述），最需要的是反映他的興趣。老師可以利用有關青蛙逃家的故事幫助他開始學習追蹤。單字「frog」（青蛙）可以放在書頁的某處，在第2點到第5點（dots 2-5）的句子間，馬修必須追蹤句子才能找出青蛙已經離家多遠，離家的距離以四個完整的點字細胞代表，放在頁面的左邊（參見圖6）。字母辨識技能可用f和m設計，兩者有觸覺上的差異，適合用來作為教學的開始。

因為馬修的表達性語言很少，要評量他的語音覺識（phonemic awareness）較為困難。馬修的老師希望能諮詢語言治療師，以幫助他在這方面的學習。利用馬修的關鍵字，有助於讓他開始學習聲音和聲音模式。在診斷式教學的形式下，評量和教學可能會是同時進行的。

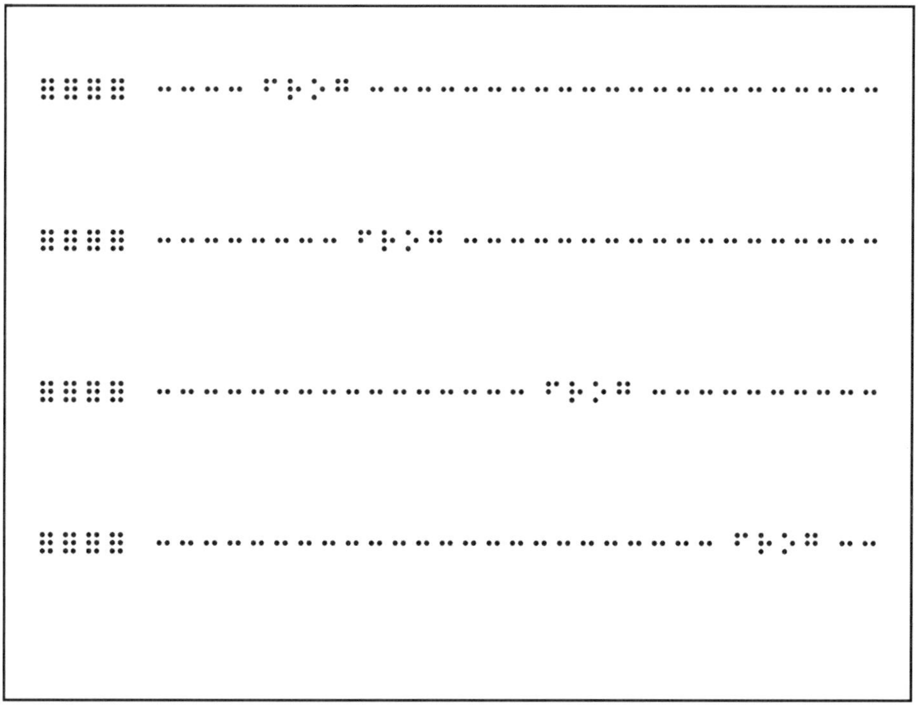

圖6　青蛙逃家了

本圖呈現四行點字練習。每一行由四個完整點字細胞開始，接著一串單一的點
字細胞。在一行單一點字細胞中會出現一次單字「frog」（青蛙）。

　　在不偏離第一部分所述過程的情況下，可以依照其他功能性點字
讀寫方式的步驟來引導馬修。在教導馬修和其他高危險群學生時，記
錄是非常重要的。當他學會新的概念時，和這些觀念相關的單字應該
要成為他的關鍵字彙。當他開始講比較多話的時候，他所說的單字要
被放進單字盒裡，而且所寫的故事要包括他自己所表達的東西。讓閱
讀和寫作真實化，是幫助馬修學會讀寫能力最重要的一步。

多重障礙學生，含肢體障礙

納莉塔

納莉塔18歲，因為10歲時發生車禍所造成的腦部創傷而導致全盲。那場車禍的後遺症也造成她的口齒不清，以及只能使用左手。

自從車禍發生之後，納莉塔的父母搬了好幾次家，因而分散了她的學校教育。納莉塔現在的老師指導她大約一年，用的是傳統的方式教導納莉塔讀寫點字。然而，納莉塔的進步緩慢，而且非常抗拒學習閱讀點字。她已經學過大部分的字母，但是沒有學過省略，也缺乏強烈的動機使用自己的點字打字機，或是閱讀老師給她的故事書。在發生意外之前，納莉塔一直都很喜歡閱讀。她的父母試圖藉由給她以前最喜歡的故事書來激勵她，但納莉塔因為無法閱讀書上的字而感到很挫折。

在最挫折的那一天，納莉塔的老師決定試著用功能性方式教她。老師問納莉塔哪一個字是她最想讀的。老師很驚訝，因為納莉塔用生氣的語氣大聲地說，「blue！」（藍色）（納莉塔的媽媽後來表示，藍色是納莉塔出車禍前最喜歡的顏色。）納莉塔的老師把「blue」這個字的點字打在單字卡上給她，納莉塔接著說「cat」（貓）。（納莉塔的家裡剛剛收養了一隻小貓。）老師立刻將「cat」在單字卡上打成點字，然後給了納莉塔。接著她開玩笑地對納莉塔說，那隻貓也許是一隻藍色的貓。納莉塔笑了，把那兩張單字卡排在一起，唸了「blue cat」（藍貓）。然後她對自己輕輕笑了。那個下午她又告訴老師大約十多個單字，都是她想讀的。

納莉塔對閱讀的態度逐漸轉變了。使用語音讀卡機和她單字盒裡的單字卡變成她喜歡的一項活動，而且她開始要求時間讓她寫故事，老師會把她寫的故事轉換成點字。大部分的故事是關於她的家人以及她喜歡和不

喜歡的事物。這些故事都很簡單，而且包含很多的重複，使她容易自己閱讀。

她喜歡寫不合乎常理的故事，然後會把故事唸出來並對故事裡愚蠢的地方咯咯發笑。她迫不及待地把故事帶回家唸給家人聽。老師一開始維持用非省略式點字寫故事的方式，因為納莉塔已經學會所有的字母，這樣能加強她辨認的技巧。隨著納莉塔的閱讀和寫作字彙增加，老師便開始介紹省略。納莉塔很興奮，就像全字省略（whole-word contractions）（僅使用字母），這樣她便可以用一個字母就讀到整個單字。

納莉塔的老師為她示範如何在單手模式使用視障用文字處理器，然後納莉塔開始自己寫故事，寫完印出來之後，她會聽和讀這些故事。老師可以用各種方法使她的追蹤技能進步，並增加她能讀和寫的點字省略字數量。

必須評量有多重障礙學生，包括肢體障礙的學生，他們的身體狀態是否能閱讀點字。在納莉塔這個個案中，她的肢體障礙讓她變得遲緩，因為她只能用左手讀寫點字，但並不妨礙她觸覺式地閱讀。

平均而言，單手閱讀較雙手來得慢，因此，學生正確地辨認字母尤其重要。這個方式重要的部分是教導學生良好的觸覺感知和字母辨識技能。指導單手點字讀者時，需特別注意在點字底下要使用止滑的材質，因為閱讀的手不能壓住紙。

納莉塔的語音覺識和聲學技能仍是一片空白。對部分多重障礙的孩子來說，這個案例可能不適用。跟沒有其他障礙的學生相比，多重障礙的孩子在語音覺識評量和活動上要花費更多的時間，但他們可以透過閱讀活動來加強這方面。概念的建立也是課程中主要的部分，以引導這些學生展現讀寫能力。若缺乏對世界如何運作的基本概念，學

生將很難理解他們所閱讀的教材的意義。

對肢體障礙的學生來說，只要他們能使用其中一隻手，在幫助他們發展寫作技能的時候，便可以用改良的方式。舉例來說，有柏金斯點字機的擴展鍵（extended keys）、特別的單手型柏金斯點字機、各種單手模式的點字文字處理器、可以單手使用的電動點字機（如蒙巴頓語音電動點字機）。總是有方法讓學生能不用雙手就能把紙放進點字機裡。

納莉塔的老師在她的柏金斯點字機後面放了一個紙箱，剛好和插入紙張的地方齊平。納莉塔可以提起點字機上的紙張釋放鈕（paper release knobs），開啓接收紙張的彈簧，然後她會把紙張放在盒子上，用一隻手盡可能地把它滑進柏金斯點字機裡。納莉塔會用食指和中指抓住紙張往點字機的右邊，然後用拇指放開紙張釋放鈕讓紙張就位。接著她會把紙捲入點字機，然後用點字機左邊的鈕固定。納莉塔在使用寫作的機器方面較有困難，因為她只能使用一隻手，這讓過程變得很緩慢。但她喜歡寫故事活動創作的一面，這也激勵她持續學習更多的點字。她喜愛閱讀自己和老師所創作的故事，把這些故事讀了一遍又一遍。重複的閱讀有助於她的辨識能力和流暢度。

在納莉塔開始使用功能性方式不久之後，老師發現納莉塔現在有能力也想學會點字的讀寫能力。她不再像以前一樣感到挫折，而且熱切地想閱讀和書寫點字。雖然老師先前用傳統方式教導納莉塔沒有成功，但她決定當納莉塔學會所有省略字時，她要試著帶她學習調整過的學術方式。老師開始記錄納莉塔接觸過及閱讀過的縮寫字。她開始尋找使用高興趣低字彙（high-interest low-vocabulary）讀本的教材，以及有關貓咪的書，因爲她知道納莉塔非常喜歡自己的寵物貓。

盲聾學生

珍娜今年8歲，雙耳都有嚴重的聽力受損。雖然有些時候她的視力似乎有好轉，但她僅有輕微的感知。例如，老師在她的月曆上所使用的那些高對比形狀和簡單圖畫，她就能夠辨別。紀錄顯示早產是造成她聾盲的原因。

幼兒園的時候，珍娜一直表現出破壞的個性。她喜歡的活動，例如在球池（一大區的彩球，小孩子可以把自己埋在球堆裡，通常位在室內遊樂中心）玩耍，當不准她做喜歡的事時，她就會發脾氣。當珍娜達到上學年齡時，老師和她一起設置了一套日曆系統，幫助建立一些觸覺的標誌（例如，她的名字標誌），並且當珍娜在其他活動期間表現良好時，老師便開始用她喜歡做的事情當作獎勵。她也拓展了珍娜喜歡的活動領域，包括騎三輪車，甚至帶她去和年紀較大的學生一起打保齡球。珍娜喜歡盡可能地靠近保齡球瓶，當擊倒球瓶時，她會跳上跳下地尖叫大笑！她也喜歡一起把球瓶擺回原位，雖然她沒辦法擺到正確的位置，非常需要別人的引導。

最近珍娜為了利用配有FM系統的聽力訓練，接受了一項測試，測驗在她的教室裡進行，而教室是盲人特殊學校裡特定給聾盲孩子使用的教室。FM擴大系統將老師的聲音以固定的頻率直接傳送給學生，以確保不管老師距離學生多遠，學生聽到老師聲音的頻率都高於背景噪音。FM系統由麥克風、發送器（或是兩者結合）、接收器組成，以及一些聲音對傳線路的方法，從接受器傳到學生的耳朵。老師帶著麥克風和發送器。發送器會將麥克風發出的電子訊號轉變為FM訊號，送到學生的接收器裡。不管老師站在教室的哪個位置，學生都能聽到老師的聲音，就像從近距離傳

來的一樣。珍娜對聽力訓練的反應非常良好，且學會分辨她的名字和簡單的指令及問候。現在珍娜的行為已經受到控制，而且表現出能夠學習使用觸覺標誌和物品溝通。老師決定為珍娜介紹點字閱讀和寫作，但由於珍娜的雙重障礙，以致不知道該從何開始。

老師由幫珍娜周遭環境裡的每樣物品做點字標籤著手。她把珍娜的每樣東西都標上她的名字——從她的書桌、日曆，以及她的枴杖開始標示起。因為老師也使用有浮凸線段、高對比、黑白圖片的物品，配合各種珍娜喜歡的活動，所以，她也為這些東西做了點字標籤。一開始，珍娜發現點字會立刻把標籤撕掉。她顯然不喜歡標籤或凸點的感覺，特別是放在她的所有物上。她比較能接受標籤出現在教室中較為公共空間的地方。

老師也開始蒐集她知道珍娜所了解的單字詞彙。她發現最困難的工作是幫助珍娜將符號和單字標示與點字配對，這樣才能開始進行書寫溝通的形式。老師為珍娜將單字卡標上點字，讓珍娜隨身帶著卡片到各種不同的地方。她把單字卡配合標示上的點字標籤，這樣珍娜就能夠開始了解彼此間的關聯。例如，當珍娜要去找學校護士拿早上的藥時，老師會給她要給護士的單字卡，幫助珍娜作出護士的手語，並且讓珍娜去拿藥罐子，藥罐子是表示珍娜要去找護士的觸覺符號。當她們到達護士的辦公室時，老師會告訴珍娜單字卡上的單字和手語的護士是一樣的。（珍娜了解「相同」和「相異」的概念，也了解這手語中所對應的手勢。）

老師也希望教導珍娜如何寫名字。她用珍娜的名字作為開始，包括其他學生的名字，以及和珍娜有互動的老師名字。珍娜知道自己名字的手語，在臉頰附近比一個J。珍娜也很快地學會代表不同老師的手語，並且在學習那些偶爾會跟她互動的同學名字（她還是比較喜歡自己一個人玩）。老師集中在教導珍娜這個點字就是她的名字。珍娜每次把標籤撕掉後，老師還是不斷地在珍娜的東西上放標籤，給珍娜看上面有她名字的單字卡，並且做珍娜名字的手語。有一天，珍娜給了老師上面有自己名字的

單字卡，指著自己並且做出自己名字的手語。老師立刻握著珍娜的手上下晃動，表示「沒錯」。接著，她給珍娜一個大大的擁抱！隨後她走到珍娜的柺杖旁邊，並讓珍娜感受上面的點字標籤，珍娜再次比了自己名字的手語。老師認為這是一個真正的突破，也希望珍娜可以在之後學習閱讀對她來說重要的單字方面，有更多的進步。

沒有語言，就不會有讀寫能力：

> 聲盲孩子所面對最大的挑戰或許就是學習溝通。但這也是他們最大的機會，因為溝通和語言能夠讓旁人知道他們的想法、需要及願望。使用單字的能力也將開啟他們指尖所及以外的世界……。（Miles, 2000）

聲盲對語言學習來說，增加了雙重的限制。視力障礙但可以聽見的學生，能熟悉單字和語言的聲音。視力受損可能導致他們不容易了解某些概念，但能夠用口語的語言溝通。有許多原因造成視力受損的學生無法使用語言表達，但能夠聽到並理解所感知的語言，這一點就比聽不見的人來得具有習得讀寫能力的優勢。老師只需要判定應該從學生經驗裡的哪一個單字開始學習。

實際上，聲盲孩子的老師需要創造關鍵的字彙。如同Qualls-Mitchell（2002）所指出的，「對學生來說，學習閱讀一部分的進步就是建立大量的單字詞彙庫，利用先前的知識賦予閱讀意義……。」（p.77）教導聲盲孩子閱讀的過程本身，確實就能建立他們的字彙並且為他們帶來語言。舉例來說，提供珍娜三輪車（tricycle）和保齡球瓶（bowling pin）的單字，幫助她了解物品是有名字的，並且也

93

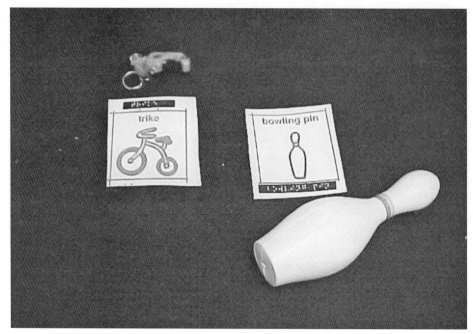

來自珍娜日曆系統的範例。實際的物體，例如有三輪車裝飾的鑰匙圈，珍娜把
它和騎腳踏車聯想在一起，還有一個保齡球瓶，都配合上面寫有印刷字和點字
的高對比圖片，代表珍娜喜歡的活動。

可以用手語和點字來代表老師需要熟悉孩子的環境，以及他們的經
歷。知道孩子熟悉的事物，讓老師能建立對學生有意義的讀寫課程。
當孩子無法表達家裡發生的情況時，和他的家人合作尤其重要。

　　爲像珍娜一樣的學生創造有意義的追蹤和觸覺感知活動很具有挑
戰性。珍娜現在能夠辨識她的名字，表示老師可以開始和她一起嘗試
這些活動。舉例來說，第一次追蹤練習時，老師可以假裝珍娜在球池
裡，必須要找到她（參見圖7）。這需要珍娜了解如何假裝球池就在
點字行句裡，也需要了解「找到」的概念。進行追蹤練習前，老師必
須確認珍娜具備這項任務所需要的語言。老師可以一邊介紹其他的步

驟，一邊評估珍娜的進展。為珍娜設計課程最重要的部分，是要確認所有的活動和關鍵單字詞彙都有關聯，並且也利用這些活動拓展她的字彙。

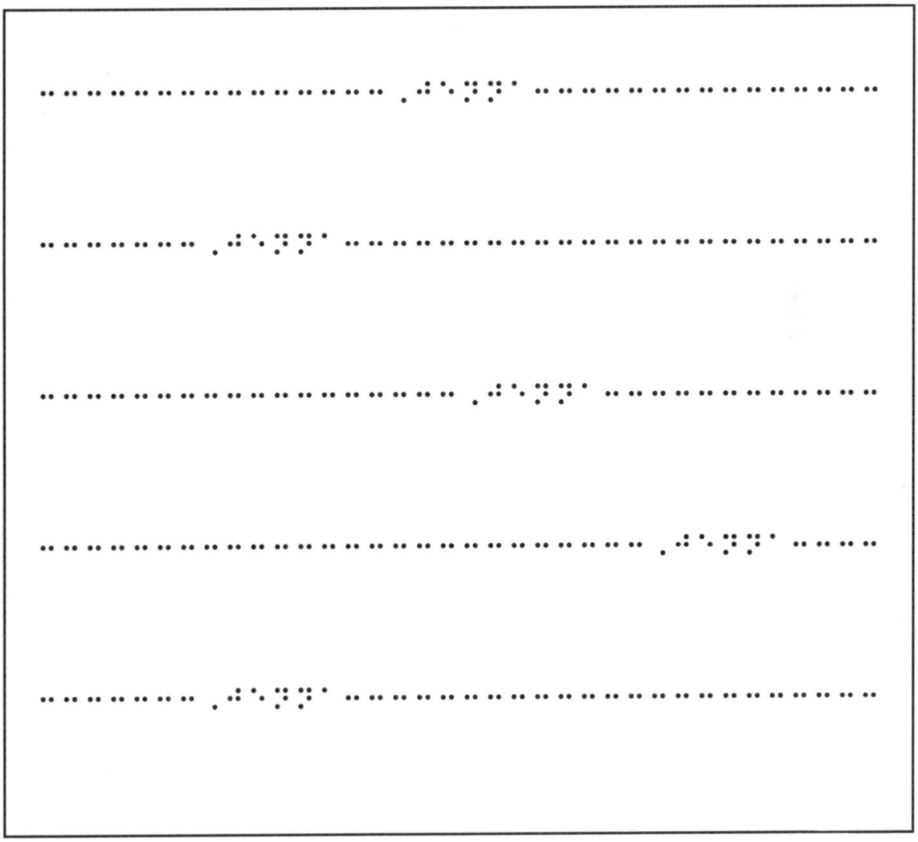

圖7　珍娜在球池裡

本圖為五行的點字練習。每一行是一串點字，「珍娜」的名字就在一行裡的某個位置。

　　在初期點字讀寫階段，和孩子一起，根據他們的日常生活和經驗創作書和故事，是非常重要的。可以用貼上點字的實際物體為這些

書製作「插圖」。舉例來說，珍娜8歲的生日派對過後，她的媽媽和老師與珍娜一起創作了一本書，用簡單、重複的語言敘述描述她生日派對的故事。至於「插圖」的部分，包括沒有吹氣的氣球、小紙盤、孩子收到的小玩具、派對帽（稍微壓扁），以及其他派對上的眞實物品。珍娜喜歡一遍又一遍地「閱讀」這個故事，而且會和媽媽或是老師坐在一起一頁一頁的翻，先是感受每一頁，接著比單字的手語，然後再次追蹤點字的單字，並且檢視物品和上面的點字標籤。有時她會在再次閱讀單字前就先比了物品的手語，而有時她會在翻到下一頁之前，成功地重複讀單字和比手語好幾次。每次老師和珍娜的媽媽都會讓她知道她「讀」得正確，並且誇獎她。大家都發現珍娜已經能掌握語言和閱讀了。

非先天性失明的學齡學生

黎安瑞

黎安瑞今年17歲，患有色素性視網膜炎。她原本能閱讀印刷字，直到高二時突然失去了視力。黎安瑞從來沒有接觸過點字，當她開始學點字時，非常害怕自己會無法閱讀點字。直到失去視力以前，她一直很會閱讀，她很擔心自己的點字閱讀不能學得像以前一樣好。她很沮喪，因為自己的手指似乎無法辨認每個點字字母的差別。老師決定使用功能性方式來說服黎安瑞她是可以成功的。

黎安瑞的老師問她最想學會讀哪些字。黎安瑞選了自己的名字，以及她最好朋友的名字，Cleo（克莉歐）。老師把兩個名字的單字卡標上點字，並把名字印在單字卡背面。她告訴黎安瑞如何把單字卡放在止滑墊上，並確認她了解保持手指在單字上由左移到右的重要性。

　　黎安瑞把單字卡帶回家，隔天到學校說她可以區分兩個名字，也知道它們的縮寫，並能分辨哪個是她的名字。她帶了許多她想嘗試閱讀的其他名字。老師建議幫忙她自己用柏金斯點字機寫這些名字，也教她如何做出導入軌（lead-in lines），導入軌能幫助她在閱讀卡片上的單字時，建立流暢的追蹤技巧。老師教導黎安瑞如何利用其他線索來辨認單字，例如，單字的長度和顯性（dominant）字母（容易感覺到並且在單字中較為特殊的字母）。

　　黎安瑞隔天到學校時，已經學會所有她挑選的其他名字，但卻有了不同的疑慮。她覺得這不是真正的閱讀。她害怕自己永遠學不會其他東西，跟不上同學的進度。而且她希望能辨識數字，這樣她就能拿到朋友的電話號碼。老師先從數字開始教起。她給黎安瑞數字0-9的閃示卡。每張閃示卡上，一面有數字的手語，並且0-9其中一個數字的點字，相對應的數字則印在另外一面，如此一來，黎安瑞的媽媽便能協助她學習數字。老師用依順序排列的數字行，給黎安瑞一些追蹤技巧的活動。接著她做了一些追蹤頁，上面有點2-5的導入軌和導出軌（lead-out lines），每一行只有一個數字。老師一開始先照順序排列數字，接著移除一些數字當作測驗（參見圖8）。就像老師對黎安瑞所說的，她不希望讓她覺得自己不是真正地在閱讀。

　　隔天到學校時，黎安瑞已經記住所有的個位數數字。此時，老師跟她要了幾個朋友們的電話區碼和號碼。老師把區碼獨立出來做了一些追蹤單，這樣一來，黎安瑞便可以只專注辨認這些數字。接著在區碼後加了接續的三個數字，再來是最後的四個數字。然後老師把黎安瑞已經認得的號碼做成閃示卡。她讓黎安瑞從單字盒裡挑選朋友的名字，再要求她把名字和正確的電話號碼配對。接下來，老師協助黎安瑞用3"×5"的索引卡和檔案盒開始製作自己的電話簿。

　　為了解決黎安瑞擔心自己不是真正在閱讀的疑慮，老師決定把她朋友

名字裡的幾個字母獨立出來，幫助她開始辨識這些字母。她開始用每個字母做追蹤練習，把這些字母融入到每一頁的點字行裡。老師首先挑選的字母是 I、a、r、c、o，還有來自 Donna 的 d，以及 Brian 的 b、i 和 n。黎安瑞很快地掌握了如何單獨辨認這些字母，特別是因為她已經學會 1-10 的數字，它們也代表了字母 a-j。

黎安瑞說，當她現在在讀朋友的名字時，覺得自己是真的在閱讀。老師接著建議她用學過的字母拼出單字在家練習。黎安瑞做了 car（汽車）、card（卡片）、no（不）、ill（生病）、darn（縫補）、loan（貸款）、barn（穀倉）等字的單字卡。因為其中四個字包含了「ar」的符號，老師教她在書寫時要如何表示成縮寫，接著做了一些追蹤活動，讓黎安瑞用「ar」的符號幫助閱讀。老師也教黎安瑞起首字母全字縮寫（initial-letter whole-word contractions），例如：like（喜歡）、rather（相當）、can（能夠）、do（做）、but（但是）和 not（不是），只由 l、r、c、d、b 和 n 等字母組成，這些字母都是她現在已經學會的。

黎安瑞現在有好幾個字可以用來練習閱讀。老師記錄黎安瑞現在正接觸哪個單字、縮寫和全字，然後準備隔天給她一個小測驗。老師也帶了自己的觸覺感知及點字字母辨認蒙格發展課程，和黎安瑞一起使用。她也開始運用一些來自市面上可買到的 "Braille Too" 課程裡的初級活動，這些活動特別建議給曾是印刷字讀者、但現在開始學習點字的中學及高中生使用。

黎安瑞的老師看得出來，因為使用功能性方式，黎安瑞在短時間內對閱讀點字已經建立更為正面的態度，而老師也預計準備其他教材，幫助她儘快能流暢地閱讀點字，就像之前閱讀印刷字一樣。

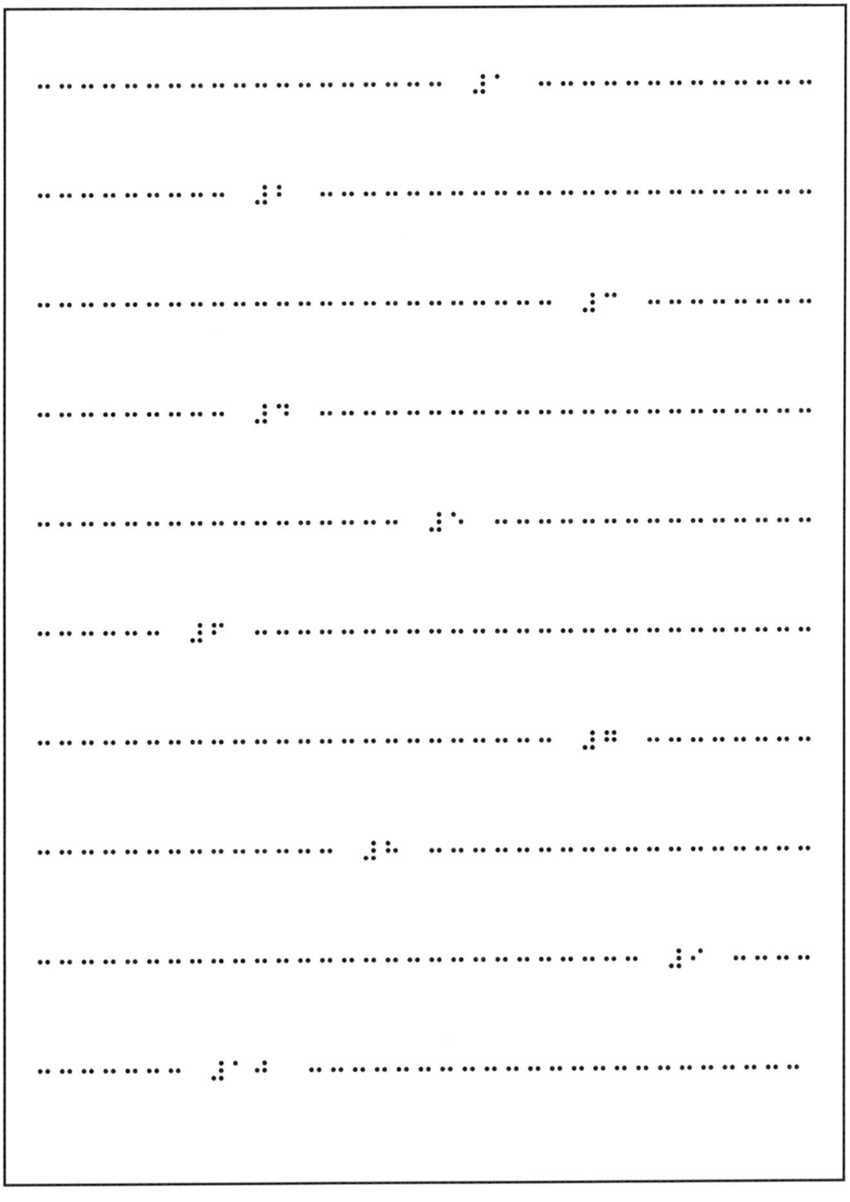

圖8　黎安瑞的數字追蹤測驗

圖為一項10行點字的練習。每一行是一串點字凸點。每一行依連貫順序的某處，是一個點字數字。由上到下，列出數字1-10。

先前用印刷字閱讀書寫的學生，在開始學習點字的時候常會感到挫折。雖然他們之前可能會流暢地閱讀，但現在會驚恐地發現自己閱讀的時候聽起來和感覺起來都像個一年級的小朋友。他們會覺得自己再也無法學會閱讀，並且可能因爲害怕失敗而甚至不願意嘗試。老師促使這些學生只使用閱讀的聽覺模式，並未鼓勵他們學習點字，這樣只會加深學生的恐懼，害怕自己不能成功學會點字。正在適應眼睛失明的學生，可能沒有學習新事物的動機，且可能因爲太困難而感到挫折。爲了這些學生的自尊心及他們未來的教育，老師必須幫助他們再次學會閱讀。

功能性方式對這些學生來說，通常較不具威脅性。它告訴學生，點字是一項工具，即使還在學習階段，還不能流暢使用的時候，也可以使用點字。黎安瑞擔心的是她不覺得自己在閱讀，而且她希望進度能更快一些。這個方式達到了它原本的目的，說服黎安瑞她能夠閱讀點字，並且讓她想要繼續加強自己的點字閱讀。

老師可以決定不爲像黎安瑞這樣的學生創造充滿點字的環境。這些學生知道在環境中，哪裡可以找到印刷字，也知道這些字的意思。但是製作單字盒和關鍵單字的步驟卻不能省略。它能迫使學生思考什麼對自己來說是重要的，而且用對學生具有個人意義的關鍵單字，能讓點字閱讀更有意義。因爲對單字熟悉，且單字是學生自己挑選的，學習閱讀的動機就已經存在了。

對這個族群的學生來說，最重要的步驟或許是教導他們良好的觸覺感知和字母辨認技巧。被允許用手指摩擦點字的學生，閱讀速度是不會進步的。學生需要以設計用來降低摩擦需求的教材，來建立良好的追蹤和字母辨識技巧。老師需爲學生說明熟練的點字閱讀者在閱讀時移動手的方式。學生必須學習用雙手平順地由左至右移動，最後加快速度。老師可能需要告訴他們，即使他們一開始不認得那個字，也

要注意保持雙手移動閱讀單字，然後反覆不斷地閱讀這個單字，直到可以辨認這個單字和字母的特徵。老師可以引導學生找到具有關鍵特徵的字母，藉此幫助他們學習。

因為通常許多非先天性失明的學生都已經學過閱讀印刷字，就不一定要學習語音覺識和聲韻，除非在初步評估時有結果指出學生之前在這方面有問題。然而，重要的是讓這個特定族群了解點字閱讀和印刷字閱讀的不同。

> 黎安瑞的老師告訴她，點字閱讀和印刷字閱讀不一樣，點字需要用更連續的方式理解。因此在繼續移動到下個字前，黎安瑞必須正確辨認學到的每一個新字；為了增加正確率，她需要練習。此外，控制她把手指放在字母上上下移動的衝動也很重要，即使這個動作似乎讓她更能感覺這些字。老師解釋這樣的「摩擦」最後會導致閱讀緩慢，黎安瑞應該要保持手指沿著字母由左至右移動，直到她能辨認字母為止。
>
> 初期黎安瑞發現的另一件事，是她的手指常常會變得不敏感。她一開始在辨別數字或字母時，正確率是百分之百，然後會突然覺得自己無法辨別任何東西了。
>
> 老師提供黎安瑞許多相關的資訊，讓她能檢查自己和她的進度。她教黎安瑞如何創造自己想學的字母和單字追蹤單，以及如何穩定她的速度，並在需要休息的時候停下來。黎安瑞很喜歡能夠以自己的步調學習。能掌握自己的學習也讓她為自己的成就感到驕傲。

黎安瑞這樣的學生通常需要大量的時間用來專注於閱讀，而這些大量的時間可能需要利用到學校的假日或者暑假。對這些學生來說，建立點字閱讀的流暢度可能是件很難的事，因為並不是具有以前的閱讀經驗或是能辨認每個點字字母，就能自動帶來流暢度。通常來說，

熟悉的兒童故事對流暢度的建立很有幫助，因為學生能夠用之前的知識料想且預測字是什麼意思。重複閱讀故事也能幫助建立流暢度。像黎安瑞這樣的學生需要密集的時間用來閱讀，以建立所需的流暢度，如此才能夠跟上同儕的速度。視障學生的老師可能需要在學生的個別化教育計畫（IEP）會議上倡導密集閱讀時間的重要，並且和學生一起找出能夠專注於閱讀和寫作練習的大量時間。

因為功能性方式不用任何嚴謹的順序介紹字母或縮寫，使記錄變得十分重要。正確的紀錄能讓老師知道學生學會了哪個縮寫和字母。一旦說服像黎安瑞這樣的學生自己用點字閱讀，就可開始實施傳統方式，如"*Braille Too*"課程（Hepker & Coquillette, 1995）。這個課程是為心智年齡較大的學生所設計，並能確保他們學到代碼內所有的縮寫。

非先天性失明的成人學生

畢太太

畢太太最近因為黃斑部退化而導致嚴重的視力損失。但即使在失去視力之前，她也擔心因為黃斑部退化而使她不能讀出她公寓電梯的樓層數字。她已經好幾次在錯誤的樓層走出電梯。她知道電梯裡和電梯外的數字按鈕板上有點字。當和復健師一起復健時，畢太太問復健師是否能教她學習數字的點字，這樣她就不用擔心搭電梯時會再走錯樓層了。

畢太太的復健師建立了一些追蹤練習（參見圖9）和數字的閃示卡。在短時間內，畢太太已經學會數字的標示和1-5的數字，也學會了L代表大廳以及g代表公寓底層，也是洗衣間的位置所在。復健師指出，她也意外地學會了自己姓氏的字母，因為數字1到5也代表了字母a到e。

　　畢太太沒想過自己會在電梯以外的地方使用點字，但她在數字閱讀上的成就加上復健師的鼓勵，讓她相信自己可能可以用點字幫家裡的一些東西做標籤。復健師開始和畢太太一起用字母和數字幫她的衣服建立一個標籤系統。畢太太只用了少數幾個字母和數字標示在微波爐上，來幫助她辨別最常用的觸碰板。這時候，畢太太已經可以輕易地辨別數字和字母，而復健師建議她可以考慮試著學習更多點字數字和字母，這樣她就可以用點字在電話簿裡寫下電話號碼和名字。畢太太很高興自己可以這樣拓展點字的使用範圍。

　　達到畢太太所需要的正確度後，她和復健師開始用數字和標籤碼幫她的藥製作標籤，標籤碼是畢太太和復健師一起設計的。

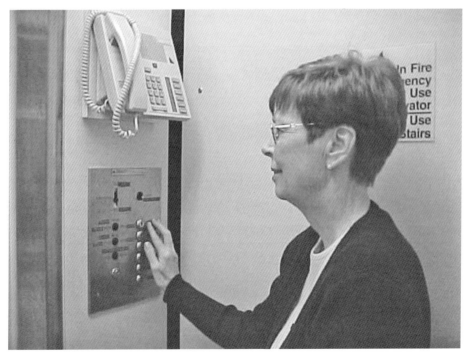

畢太太在公寓的電梯裡讀樓層的數字。（照片呈現一個女人在電梯裡閱讀按鈕旁邊的點字。）

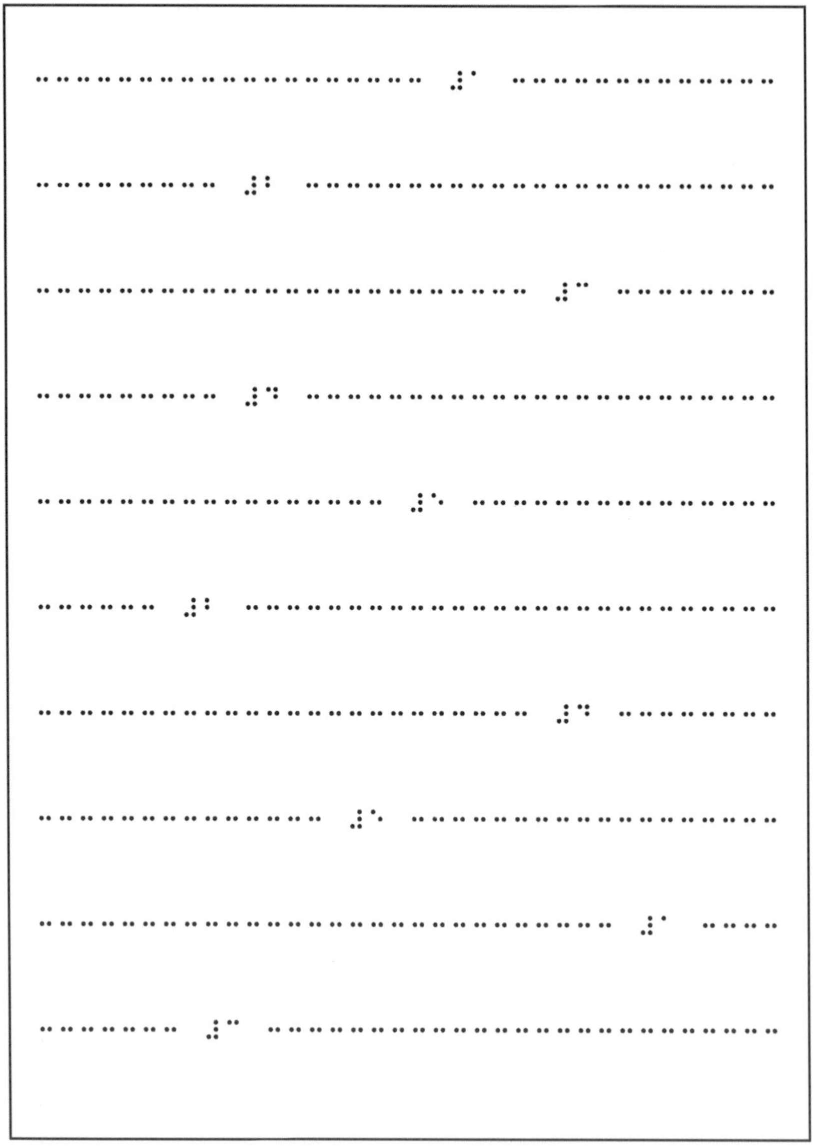

圖9 畢太太的數字追蹤練習

本圖呈現一個10行的點字練習。每一行有一串點字的凸點，且某個位置會有
一個點字的數字。由上到下，所列的數字為：1、2、3、4、5、2、4、5、1和
3。

　　利用功能性方式學習點字讀寫能力，讓成年人感覺良好。成人想立刻看到成果。他們希望看到自己花時間學習的事物能夠良好地運用。假使在幾堂課之後他們能在日常生活中運用點字，即便不是真的在閱讀和書寫，他們還是會對自己的能力更有信心，相信自己能夠超越有限的點字運用，而更願意試著學習閱讀。大多數成人都已經學過印刷字的閱讀。對於要經歷這項他們認為艱鉅的任務才能再度閱讀，許多年長者會因此感到厭煩。不幸的是，許多年長者對點字的印象是很難學會的，同時他們也不願意花太多時間在點字上。因此，用功能性方式將點字帶入他們的日常生活中，對他們來說是一個很好的動力，讓他們願意多學一點。

　　為成人設計的功能性方式，關鍵是持續問他們下一步想做什麼。畢太太已經學會讀電梯的數字，也幫衣服和微波爐做了標籤，而且現在可以幫她的藥品做標籤了。她對自己的數字觸覺辨識和觸覺編碼感到有信心。這時，復健師就可以問畢太太，在閱讀和書寫方面是否有其他想做的事。在其中一個讀寫能力的領域有了成功的經驗，能夠幫助她對前進到另外一個領域感到較為放鬆。

　　復健師應該對學生先前的讀寫能力程度有良好的概念，以判斷是否已經具有閱讀技巧。最初的教學任務其實應該由成人自己決定方向。比起創作故事，視障的成人會希望能夠建立日用品採購清單，並且能夠把清單在電話裡唸給其他人聽，或是和朋友一起採買時唸給朋友聽。這些任務甚至不包含點字。但是，復健師可以適時加入使用點字的元素，並幫助成人了解點字的潛在功用。

　　當進行成人教學時，就像和其他學生一樣，涵蓋此方式的每個步驟是很重要的，並且不要略過適當的追蹤技能和字母辨識技能。復健師可以用自己所了解有關學生的事，建立對學生來說具有意義的追蹤活動而不讓學生感到失禮。可以用對黎安瑞一樣的解釋方式，對學生

適當地說明流暢追蹤的重要。

　　雖然教導黎安瑞這樣較年輕的學生時，老師可以儘早讓她改用較傳統的方式，但復健師要更爲敏銳地覺察成人學生所感到自在的節奏。學生探索點字閱讀的需求程度會依所嘗試的課程是否成功而定，也會根據學生失去視力前的閱讀量多寡而有所不同。當論及轉換到較爲傳統的方式時，復健師可選擇許多市面上可取得的課程，是專門爲遭受視力受損的成人所設計的點字教學，例如美國盲人印刷社（American Printing House for the Blind）所提供的多種課程。

英文為第二外語的學生

阮　誠

　　阮誠和他的家人在泰國的難民營住了一段時間之後來到美國。當家人逃離越南時，小誠只有6歲。他們在柬埔寨逃亡期間，他的右眼被地雷爆炸的碎片擊中。因為感染的緣故，他隨後也失去了另外一隻眼睛的視力。當小誠和家人來到紐約時，他已經11歲了，但還沒有接受過任何正規的教育。小誠和家人都不太會講英文。學區把他安排在強調獨立生活技能的特教資源班，因為測驗結果顯示他有發展遲緩的狀況。他的特教資源班老師認為他沒有認知障礙，應該多做一點學業上的功課，但不知道該和他從哪裡開始，因為他不會讀或寫，而且在家裡和學校都不會說英文。

　　小誠的視障教學專門老師一開始諮詢校內英語為第二外語（English as a second language, ESL）學生的老師，並且讓ESL老師加入小誠的個別化教育計畫會議團隊。她從ESL老師那裡了解到小誠對哪些發音有困難，以及能夠使用哪些練習來幫助他辨認這些字母及發音。老師查到社區裡有翻譯人員，能幫忙訪問小誠的家人有關小誠喜歡的食物、遊戲和活動。這些

資訊往後都融入了老師和小誠一起寫給他閱讀的故事裡。

　　小誠的獨立生活技能課程也是他大部分的單字詞彙來源。一開始小誠非常安靜，但有天他主動去找老師，並且說了一句完整的英文。ESL老師解釋，小誠已經熬過第二外語發展時的「前置期」（preproduction）或「沉默期」（silent）。在徵求ESL老師的同意後，視障教學專門老師開始利用小誠家裡和學校的環境，教導他所熟悉的物品的英文名稱。同時老師也開始利用點字和英文單字配對，藉此教導小誠點字。這些單字都是他組成單字盒的基礎。他學著刷牙、穿衣服和襯衫、扣釦子和穿鞋子，而後他也學著用點字閱讀許多其他的單字和詞句。老師把名詞和動詞搭配在一起，成為短句或片語，像是摸鼻子或是彎手肘。她幫助小誠學習如何使用柏金斯點字機以及點字板和點字筆，寫出每天的日程表，並且開始寫關於自己的故事和每天的活動。

　　小誠的視障教學專門老師開始為他使用觸覺感知及點字字母辨認蒙格發展課程，發現他一開始就可以不費力地說出字母並辨識每個字母的發音。老師發現小誠有收聽電視上的芝麻街節目，並且知道字母的名字和發音，但是沒有任何對象可以教他，也沒有他可以運用的符號系統。小誠和老師開始分析單字盒裡的單字，看看它們包含了哪些字母。此時，小誠的個別化教育計畫團隊認為他已經準備好能開始較為正式的閱讀和書寫課程。然而，他的老師繼續對小誠使用語言經驗的方式，讓他從越南語進步到英語，再進步到較流暢的點字閱讀和書寫。老師們也和小誠一起找出故事書裡不熟悉的概念，幫助他建立字彙。

　　只要克服了學習英語的障礙，大致上就能依照功能性方式裡的步驟教導小誠。面對聲盲的孩子，其中學習英文為第二外語的，必須要先在學習語言上有所進步，而後才能將之運用在學習閱讀和書寫，如

果他們不具備母語讀寫能力的話，更是如此。因爲他們一開始沒有單字，功能性方式通常能用有意義的方式爲他們開啓讀寫能力的大門。這個方法能讓學生將自身的經驗，用點字作爲媒介，帶入學習讀寫第二外語的任務之中。

結語

以功能性方式用點字學習讀和寫，可被成功地運用在不同類型的學生身上。如同本節所呈現的，這個方法運用在不同類型的學生身上，方式會稍微有些差異。老師必須熟悉本書第一部分所列之步驟，在指導個別學生時，不論透過直接指導或評估，結果顯示學生已經具備該步驟所提到的技能，才能確認自己涵蓋了所有步驟。

老師可能會覺得一開始應該用較傳統的方式教導學生，當傳統方式不管用時，再轉用功能性方式。然而，面對學習點字有特殊問題的學生族群，例如本節所討論的類型，最重要的是教學對學生來說必須是具有意義的。開始教學時，並非一定要先使用傳統方式才能使用功能性方式。事實上，從一開始就實行功能性方式較能確保學生的興趣及動機。而且，功能性方式可以毫無困難地融入傳統方式之中。老師需要判斷學生是否符合任何本節所述的高風險學生類型，而且應即早放心地運用功能性方式指導學生。

參考文獻

Adler, C. R. (Ed.). (2001). Put reading first: The research building blocks for teaching children to read. Kindergarten through grade 3. Jessup, MD: The Partnership for Reading. [Online] Available: <www.nifl.gov>.

Anderson, R. D., Hiebert, E. H., Scott, J. A., & Wilkinson, I. A. G. (1985). *Becoming a nation of readers. The report of the Commission on Reading.* Washington, DC: National Academy of Education, National Institute of Education.

Caton, H., Gordon, B., Pester, E., Roderick, C., & Modaressi, B. (1997). *The braille connection: A braille reading and writing program for former print users.* Louisville, KY: American Printing House for the Blind.

Caton, H., Pester, E., & Bradley, E. J. (1980). *Patterns: The primary braille reading program.* Louisville, KY: American Printing House for the Blind.

D'Andrea, F. M. (1997). Teaching braille to students with special needs. In D. P. Wormsley, & F. M. D'Andrea (Eds.), *Instructional Strategies for Braille Literacy* (pp. 145–188). New York: AFB Press.

Duffy, G. G., & Hoffman, J. V. (1999). In pursuit of an illusion: The flawed search for a perfect method. *The Reading Teacher, 53,* 10–16.

Hatlen, P. (2000). Historical perspectives. In M. C. Holbrook & A. J. Koenig (Eds.), *Foundations of education* (2nd Ed.): *Vol. I. History and theory of teaching children and youths with visual impairments* (pp. 1–54). New York: AFB Press.

Hepker, N., & Coquillette, S. C. (1995). *Braille too.* Cedar Rapids, IA: Grant Wood Area Education Agency.

Kame'enui, E. J., Simmons, D. C., Baker, S., Chard, D. J., Dickson, S. V., Gunn, B., Smith, S. B., Sprick, M., & Lin, S. J. (1997). Effective reading strategies for teaching beginning reading. In E. J. Kame'enui, & D. W. Carnine (Eds.), *Effective teaching strategies that accommodate diverse learners.* Columbus, OH: Merrill.

Kliewer, C., & Landis, D. (1999). Individualizing literacy instruction for young children with moderate to severe disabilities. *Exceptional Children, 66*(1), 85–100.

Koenig, A. J. & Holbrook, M. C. (1995). *Learning media assessment of students with visual impairments: A resource guide for teachers* (2nd ed.). Austin: Texas School for the Blind and Visually Impaired.

Kusajima, T. (1974). *Visual reading and braille reading: An experimental investigation of the physiology and psychology of visual and tactual reading.* New York: American Foundation for the Blind.

Lamb, G. (1996). Beginning braille: A whole-language based strategy. *Journal of Visual Impairment & Blindness, 92,* 184–189.

Leu, D. J., & Kinzer, C. K. (1991). *Effective reading instruction K–8* (2nd ed.). New York: Merrill.

Lowenfeld, B. (1973). *The visually handicapped child in school.* New York: John Day.

Mangold, S. S. (1989). *The Mangold developmental program of tactile perception and braille letter recognition.* Castro Valley, CA: Exceptional Teaching Aids.

Mason, J. M., & Au, K. H. (1990). *Reading instruction for today.* Glenview, IL: Scott Foresman.

Miles, B. (2000, July). *Overview on deafblindness. Connections beyond sight and sound: Maryland's project on deafblindness.* [Online] Available: <http://www.education.umd.edu/Depts/EDSP/Connections/db_definition.html>.

Millar, S. (1997). *Reading by touch.* London: Routledge.

Miller, W. H. (1995). *Alternative assessment techniques for reading and writing.* West Nyack, NY: The Center for Applied Research in Education.

Miller, W. H. (2001). *The reading teacher's survival kit.* West Nyack, NY: The Center for Applied Research in Education.

Moustafa, M. (1995). Children's productive phonological recoding. *Reading Research*

Quarterly, 30, 464–476.

National Reading Panel (2000). *Teaching children to read: An evidence-based assessment of the scientific research literacy on reading and its implications for reading instruction.* [Online] Available: <http://www.nichd.nih.gov/publications/nrp/report.htm>.

Pester, E., Petrosko, J. M., & Poppe, K. J. (1994). Optimum size and spacing for introducing blind adults to the braille code. *RE:view, 26*(1), 15–22.

Purcell-Gates, V., Degener, S. C., Jacobson, E., & Soler, M. (2002). Impact of authentic adult literacy instruction on adult literacy practices. *Reading Research Quarterly, 37*(1), 70–92.

Qualls-Mitchell, P. (2002). Reading enhancement for deaf and hard-of-hearing children through multicultural empowerment. *The Reading Teacher, 56*(1), 76–84.

Rayner, K., Foorman, B. R., Perfetti, C. A., Pesetsky, D., & Seidenberg, M. S. (2002). How should reading be taught? *Scientific American*, March 2002, 84–91.

Rex, E. J., Koenig, A. J., Wormsley, D. P., & Baker, R. L. (1994). *Foundations of braille literacy.* New York: AFB Press.

Rodenburg, L. W. (1977). *Key to grade three braille.* Louisville, KY: American Printing House for the Blind.

Routman, R. (2003). *Reading essentials: The specifics you need to teach reading well.* Portsmouth, NH: Heinemann.

Sanford, L., & Burnett, R. (1997). *Functional vision and media assessment checklist.* Heritage, TN: Consultants for the Visually Impaired.

Simons, B. (1997). How to make a braille wave. In D. P. Wormsley & F. M. D'Andrea (Eds.), *Instructional Strategies for Braille Literacy* (pp. 324–326). New York: AFB Press.

Swenson, A. (1999). *Beginning with braille.* New York: AFB Press.

Texas primary reading inventory. (2003). Austin: [Online] Available: <http://www.txreadinginstruments.com>.

Vellutin, F. R., & Scanlon, D. M. (1987). Phonological coding, phonological awareness, and reading ability: Evidence from a longitudinal and experimental study. *Merrill-Palmer Quarterly, 33*, 321–363.

Warner, S. A. (1963). *Teacher.* New York: Simon & Schuster.

Wormsley, D. P. (1979). *The effects of a hand movement training program on the hand movements and reading rates of young braille readers.* Ann Arbor, MI: University Microfilms International.

Wormsley, D. P. (2000). *Braille literacy curriculum.* Philadelphia, PA: Towers Press of Overbrook School for the Blind.

Wormsley, D. P., & D'Andrea, F. M. (Eds.). (1997). *Instructional strategies for Braille literacy.* New York: AFB Press.

Yopp, H. K. (1992). Developing phonemic awareness in young children. *Reading Teacher, 45*(9), 696–703.

國家圖書館出版品預行編目資料

點字：功能性學習策略／Diane P. Wormsley著.
黃國晏譯. -- 初版. -- 臺北市：五南, 2018.1
　　面；　　公分.

譯自：Braille literacy:a functional approach

ISBN 978-957-11-9417-2 (平裝)

1.視障教育　2.視障兒童　3.學習策略

529.655　　　　　　　　　106016493

1I1J

點字：功能性學習策略

作　　者 ─ Diane P. Wormsley

譯　　者 ─ 黃國晏（296.8）

發 行 人 ─ 楊榮川

總 經 理 ─ 楊士清

副總編輯 ─ 陳念祖

責任編輯 ─ 劉芸蓁　李敏華

封面設計 ─ 陳卿瑋

出 版 者 ─ 五南圖書出版股份有限公司

地　　址：106台北市大安區和平東路二段339號4樓

電　　話：(02)2705-5066　　傳　　真：(02)2706-6100

網　　址：http://www.wunan.com.tw

電子郵件：wunan@wunan.com.tw

劃撥帳號：01068953

戶　　名：五南圖書出版股份有限公司

法律顧問　林勝安律師事務所　林勝安律師

出版日期　2018年1月初版一刷

定　　價　新臺幣220元